Владислав ВАВИЛОВ

Политический
стресс-менеджмент

Киев
2015

УДК 324:[005. 572:159. 944. 4
ББК 66. 3(4Укр)6+88. 53
В12

В12 Вавилов, Владислав.
Политический стресс-менеджмент / Владислав Вавилов. – К. : Саммит-Книга, 2015. – 220 с. : ил.

ISBN 978-617-7182-78-7

Книга "Политический стресс-менеджмент" – практическое пособие для политиков и общественных деятелей, а также для специалистов по политическому консалтингу. Политика – одно из самых стрессовых направлений деятельности человека. В книге приведены практические упражнения и советы, как управлять стрессом, и как его грамотно избежать. Что делать, если вы находитесь в постоянном стрессе из-за выборов или работы в политической партии. Также собран ряд рекомендаций по публичным выступлениям, так как в политике именно этот аспект вызывает больше всего стрессов и страхов. Стресс испытывают все, важно научиться им управлять, и эта книга поможет вам в этом.

УДК 324:[005. 572:159. 944. 4

ББК 66. 3(4Укр)6+88. 53

ISBN 978-617-7182-78-7   2015 © Владислав Вавилов

Содержание

Вступление	7
Чем будет полезна эта книга?	9

Раздел 1. Все о стрессе — 10
1. Что такое стресс? — 11
2. Причины профессионального стресса — 15
3. Стресс и депрессия — 21
4. Четыре группы симптомов стресса — 22
5. Этапы стресса — 24
6. Стрессогенные стили мышления — 25
7. Как найти мысли, которые запускают стрессовую реакцию — 27
8. Универсальная модель стресса — 28

Раздел 2. Стресс в политике — 33
1. Политические стрессы — 41
 – боязнь публичных выступлений — 41
 – боязнь проиграть выборы — 42
 – боязнь ситуации, когда о кандидате узнают правду — 43
 – боязнь компромата — 43
 – боязнь за свою семью — 44
2. Политический стресс это хорошо — 45
3. Политическое выгорание, опасность последней недели — 47
4. Как себя вести если вы проиграли выборы А если выиграли? Ведь это не конец — 53

Раздел 3. Публичные выступления — 57
Публичные встречи с избирателями — 61
Работа на пресс-конференциях — 66
Дебаты — 78

Раздел 4. Основы стресс-менеджмента 83
1. Основы стресс-менеджмента:
три уровня управления стрессом 87
Подготовка к важным и неприятным событиям 88
Планирование интеллектуальной, эмоциональной
и физической нагрузки 88
Способы повышения стрессоустойчивости 93
Изменение отношения к стрессовой ситуации 94
Отслеживание психологических защит 96
2. Как работать со страхами, Как работать со стрессом 96
2.1. Фобия – это всегда страх, но не всякий страх является фобией 97
3. ШЕСТЬ ПРАВИЛ ВЫРАБОТКИ СТРЕССОУСТОЙЧИВОСТИ 98
3.1. 13 симптомов профессионального выгорания 99
3.2. Стратегии стресс-менеджмента 99
3.3. Темп жизни как причина стресса 101
3.4. Недостаток времени и стресс 102
3.5. Перфекционизм как причина стресса 103
3.6. Не экономьте на сне 104
3.7. Боремся с бессонницей 106
3.8. Постпраздничный стресс 109
3.9. Жизнь без стресса – это смерть 110
4. Как выпутаться из тяжелой ситуации 110
5. Обучение релаксации по методу Джейкобсона 113
6. Медитация 115
7. Духовность и стресс 125
7.1. Библиотерапия 133
8. Кофе не стоит пить при стрессе 135

Раздел 5. Ближайшее окружение политика: консультант, помощник, пресс-секретарь; жена/муж, дети, родственники 137
Знакомство с консультантом или три типа
политтехнологов 140
Внешний вид и поведение консультантов 143
Жена кандидата – что с ней делать 145
Муж кандидата – что с ним делать 147
Дети кандидата что с ними делать 148
Сопровождение кандидата 152

Раздел 6. Юмор и стресс 156

Стресс – всем понятное явление в жизни. Но в политической жизни – это совсем другое. Стресс в политике – это когда под тобой шатают кресло, а над головой стреляют из автоматов. Ни у одной живой души, без специальной подготовки, нервная система буквально не выдержит. Чтобы преодолеть проблема – мы и стойко переносить все невзгоды и выходки политических конкурентов, обязательно прочитайте эту книгу. В ней – квинтэссенция всех тех знаний, которые вам понадобятся в работе. Сохранив спокойствие и самообладание, вы сможете взойти на властный Олимп.

Дмитрий Раимов, политтехнолог Руководитель единственной в Европе школы политтехнологов «PolitPR»

Посвящаю политическим консультантам и политикам

Просите, и дано будет вам; ищите, и найдете; стучите, и отворят вам; ибо всякий просящий получает, и ищущий находит, и стучащему отворят.
Библия, Мф. 7:7-8

Вступление

Политический PR — одна из самых стрессовых профессий среди коммуникативных специальностей. Стрессы вызваны перманентным напряжением, необходимостью быстро реагировать и держать ситуацию под контролем. По долгу службы политическим консультантам приходится общаться с политиками и кандидатами, вести напряженные переговоры со штабами оппонентов... Это — работа, постоянно требующая поиска новых решений, нестандартных ходов, мгновенной смены тактики. Поэтому эта профессия привлекает ярких личностей возможностью творческой самореализации.

Но, как и в любой другой работе, здесь есть и свои минусы. Если вы решили связать свою профессиональную деятельность с политическим PR, то прежде всего вы должны уяснить, что PR — это тяжелая, рутинная, очень стрессовая работа с ненормированным рабочим днем. Это — неблагодарная работа. Чаще всего вы, будучи самым близким к кандидату консультантом, остаетесь вне публичного внимания, которое достается вашему клиенту. А еще навлекаете на себя недовольство журналистов тем, что «скругляете углы» и тормозите скандальные материалы, или не даете «доступ к телу» вашего клиента.

Во время избирательных кампаний вы практически теряете свою семью и близких, 24 часа, а у некоторых экспертов это и 26 часов, в сутки вы отдаетесь кампании — понимая, что история пишется здесь и сейчас, и победитель получает все. К сожалению, он часто резко забывает о том, кто ему помог добиться этой победы, что приводит в стресс и негодование всю его команду.

Эту книгу я пишу для консультантов и политиков, для экспертов политического консалтинга, тех, кто готовит своих кандидатов, как мастер, готовящий своего ученика к поединку. К сожалению, политика и политические баталии лично мне напоминают подачу углового в штрафную площадку — когда правила написаны на бумаге, но в процессе игры они всегда нарушаются, а основной задачей является пересечение мячом линии ворот. Дается свисток, и игроки с небольшими (или большими) нарушениями правил начинают бороться за мяч, летящий прямо им на голову. В эти доли секунд решается, забьют ли они гол, либо ворота останутся «сухими». Все то же самое происходит на выборах. Свисток — и все начинают бежать, нередко нарушая правила, используя запрещенные приемы, заставляющие их оппонентов переживать стрессы. Но в политике иногда кандидат попросту не может пройти всю избирательную кампанию — по аналогии с футболом, провести на поле все 90 минут. Виной тому —

стрессы, которые кандидат испытывает в процессе борьбы за пост. Многие опытные бизнесмены и общественные деятели, столкнувшись с хроническим стрессом, выпадают не только из политики, но и из реальной жизни. Все политики уверены, что после победы работать абсолютно несложно, и все тяжелое уже позади, но я еще не встречал ни одного политика, который после победы или поражения не сказал бы мне: «Это было самое тяжелое испытание», а я ему обычно отвечал: «Поверьте, все только начинается». Ведь подковерная игра и постоянно меняющиеся договоренности ломают даже опытных и бывалых.

О консультантах я вообще молчу: «норма» жизни — сигареты, коньяк, кофе и попытки уснуть ночью, в надежде, что после этих выборов точно уйдет в спокойный офис, либо станет советником. Но как только начинается очередная избирательная кампания и начинает звонить телефон, все сразу резко меняется. Каждый консультант после выборов дает себе обещание «больше не буду работать с таким сложным кандидатом» и обязательно его нарушает.

Поэтому политик по своему профессиональному предназначению должен иметь определенный набор черт характера, с помощью которых он мог бы бороться с таким «неизбежным злом», как стресс.

Одним словом, политика — занятие не для слабонервных.

Уверен, каждый из вас сможет найти ответы на свои вопросы.

Уверен, у вас возникнет вопрос, кто я такой. Отвечу сразу: меня зовут Владислав Вавилов и я помогу вам стать лучше, как ни пафосно это звучит:-).

Хорошего чтения!

Чем будет полезна эта книга?

Даже мастера своего дела, находящиеся в стрессовом состоянии, обычно становятся неэффективными. Однако далеко не все люди от природы обладают равными способностями овладевать собственным стрессом. Именно поэтому все более актуальным становится вопрос развития навыков стрессоустойчивости и предупреждения профессионального «выгорания».

А в политике этот вопрос еще более актуален, ведь эта сфера у многих ассоциируется со стрессом.

Чтобы помочь в решении этой проблемы, я написал книгу «Политический стресс-менеджмент», целью которой является, в первую очередь, помощь читателям в понимании того, каким образом неумение контролировать стресс отражается как на их общем самочувствии и способности быстро восстанавливать внутренние ресурсы, так и на достижении результата и возможности эффективно работать и быть результативным политиком. В материалах книги читатели ознакомятся с основными принципами управления стрессом, научатся контролировать собственный уровень работоспособности, а также получат инструменты, которые позволят участникам предупреждать возникновение стрессовых ситуаций.

Раздел 1.
Все о стрессе

Как правило, большинство людей не относится к такому явлению, как стресс, серьезно, или не осознает его существование до тех пор, пока уровень стресса не начинает сказываться на их самочувствии и физическом состоянии. Кроме таких последствий стресса, как усталость, заболевания и раздражение, длительное игнорирование воздействия стрессовых факторов приводит к «сгоранию на работе» — полному эмоциональному, физическому и психическому истощению, сопровождающемуся значительным снижением мотивации сотрудника к выполнению любой деятельности. Такое состояние сказывается не только на результативности, но и создает значительный внутренний дискомфорт и сказывается на качестве отношений с окружающими.

На страницах книги я хочу проинформировать участников о природе такого явления, как стресс, подробно останавливаясь на факторах, его вызывающих. Кроме того, предложить ряд техник и инструментов, которые помогут читателям эффективно определять первые признаки наличия стресса и выработать свой собственный подход к регулированию стресса, быстро восстанавливать силы и повышать собственную работоспособность. Ведь в политике важна каждая секунда! Отдельное внимание уделяется вопросу поиска дополнительных внутренних ресурсов, которые помогают заблаговременно готовиться к неблагоприятным рабочим ситуациям и эффективно преодолевать повседневные трудности.

- ✓ Стресс, его физиологическая и психологическая природа
- ✓ Виды и симптомы стресса
- ✓ Профессиональное выгорание, его симптомы и последствия
- ✓ Подготовка к важным и неприятным событиям
- ✓ Планирование интеллектуальной, эмоциональной и физической нагрузки
- ✓ Способы повышения стрессоустойчивости
- ✓ Изменение отношения к стрессовой ситуации
- ✓ Отслеживание психологических защит.

1. Что такое стресс?

> **Стресс** – это эмоциональное состояние, возникающее в ответ на различные экстремальные воздействия

> **Стресс** - это результат действия, которое предъявляет к человеку чрезмерные физические и психологические требования

> **Стресс** - неспецифический ответ организма на любое предъявленное ему требование

> **Стрессоустойчивость** - мера сопротивляемости человека стрессу, под которой понимается способность сохранять высокие показатели физической и психической продуктивности

Природа стресса

С точки зрения стрессовой реакции не имеет значения, приятна или неприятна человеку ситуация, с которой он столкнулся. Имеет значение только интенсивность потребности организма в перестройке или адаптации.

Это означает, что как сильное негативное переживание, так и избыточное позитивное может оказаться для человека стрессом одной и той же силы, но при этом иметь в основе совершенно разные эмоции.

Метафорой в данном случае может служить электричество.

Так, например, такие привычные домашние предметы как обогреватель, холодильник, звонок и лампа — дающие, соответственно, тепло, холод, звук и свет, зависят от одного и того же фактора — электроэнергии.

Различные исследования, проводившиеся во второй половине XX века, показали, что адаптационные способности человеческого организма имеют определенные пределы. Наши запасы адаптационной энергии сравнимы с унаследованным состоянием — мы можем брать со своего счета, но при этом нельзя делать дополнительные вклады.

Несмотря на то, что мы не можем делать дополнительные запасы адаптационной энергии сверх своего генетически обусловленного резерва, мы способны практически полностью восстанавливать затраченные силы за счет баланса между стрессовыми ситуациями и отдыхом.

Выделяют два вида адаптационной энергии человека:

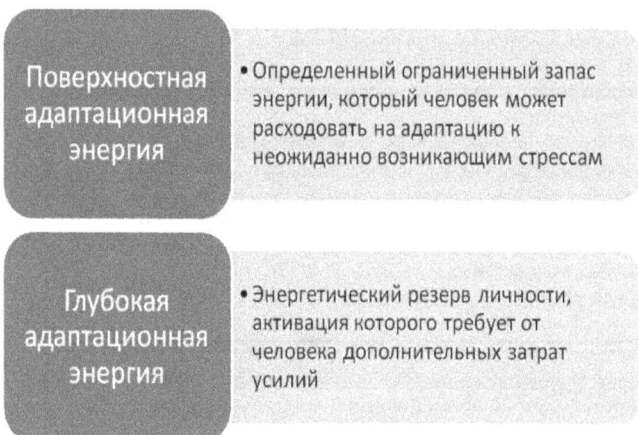

Факты о стрессе

Качественно разные раздражители одинаковой силы не обязательно вызывают одинаковый уровень стресса у разных людей.

Один и тот же раздражитель у разных людей может спровоцировать разный по силе стресс.

Под влиянием дополнительных обуславливающих факторов (например, генетической предрасположенности, возраста, пола, приема лекарственных препаратов) даже хорошо переносимая степень стресса может привести к развитию заболеваний и других негативных последствий.

Любая активность приводит в действие механизм стресса, однако затронет ли он физическую, эмоциональную или интеллектуальную сферу деятельности человека зависит от того, какая из них на данный момент является «слабым звеном».

Любое физическое заболевание провоцирует стресс разного уровня, при этом действие стресса наслаивается на проявления болезни и меняет картину — либо в худшую, либо в лучшую сторону.

Наиболее распространенные источники стресса

Исследования, проведенные в нескольких крупных западных и отечественных компаниях, показали, что среди самых распространенных

тревог сотрудников источниками стресса чаще всего становятся тревоги, связанные с:
- сохранением работы;
- гарантированностью финансового положения (способностью обеспечивать стабильное финансовое положение своей семьи, выплачивать кредиты и т. д.);
- переездами и командировками;
- работой в условиях полного отсутствия поддержки, по принципу «наделение полномочиями означает, что я делаю всю ту работу, с которой не справились мои предшественники»;
- необходимостью решать проблемы, не имея при этом достаточно возможностей и ресурсов;
- нежеланием совершать ошибки;
- представлениями о себе, как о человеке с конкретным статусом и обязанностями.

Об источниках политических стрессов мы поговорим во второй главе.

Симптомы стресса

Обычный среднестатистический человек привык замечать только сильные нервные потрясения, которые сопровождаются серьезными нарушениями здоровья: истерическими обмороками, рыданиями, носовыми кровотечениями, сильнейшими головными болями.

Однако не менее, а даже более опасны стрессы хронические, неинтенсивные, изматывающие организм длительной, еле заметной осадой. Симптоматика умеренных стрессов менее выражена, а следовательно, и менее заметна для обычного человека.

Нужно учиться узнавать симптомы стресса. Без этого невозможно сохранить здоровье.

Стресс бывает острый и хронический. Политики и общественные деятели регулярно испытывают как первый, так и второй вид стресса.

Ученые выделяют четыре группы симптомов, по которым можно «заметить» стресс.

Физиологические симптомы:
1) боли в разных частях тела (спина, желудок) неопределенного характера, особенно головные боли;
2) повышение или понижение артериального давления;
3) нарушения процессов пищеварения;
4) напряжение в мышцах;

5) дрожь или судороги в конечностях;
6) появление высыпаний аллергического характера;
7) увеличение или потеря веса;
8) повышенная потливость;
9) нарушения сна и/или аппетита;
10) нарушение сексуальной активности.

Эмоциональные симптомы:
1) раздражительность, приступы гнева;
2) равнодушие;
3) ощущение постоянной тоски, депрессия;
4) беспокойство, повышенная тревожность;
5) чувство одиночества;
6) чувство вины;
7) недовольство собой или своей работой.

Поведенческие симптомы:
1. увеличение числа ошибок при выполнении привычной работы;
2. потеря внимания к своему внешнему виду;
3. нарушения сна и/или аппетита;
4. резкое увеличение количества выкуриваемых сигарет; более интенсивное употребление алкоголя;
5. увеличение конфликтных ситуаций на работе или в семье;
6. трудоголизм, полное погружение в рабочие проблемы в ущерб отдыху и семейным обязательствам; либо наоборот;
7. суетливость; ощущение хронической нехватки времени.

Интеллектуальные симптомы:
1) проблемы с необходимостью сосредоточиться;
2) ухудшение памяти;
3) постоянное и, чаще всего, бесплодное возвращение к одной и той же мысли, одной и той же проблеме;
4) трудности в принятии решений;
5) преобладание негативных мыслей.

Наиболее «говорящими» являются симптомы физиологического и эмоционального плана.

Психолог Ю. Щербатых предлагает использовать эти списки для определения уровня стресса, переживаемого человеком. Оценив наличие симптома из интеллектуальных или поведенческих признаков в 1 балл,

эмоционального — в 1,5 балла, физиологического — в 2 балла, каждый желающий может определить свое стрессовое состояние:
- от 0 до 5 баллов: отсутствие стресса;
- от 6 до 12 баллов: умеренный стресс;
- от 13 до 24 баллов: достаточно выраженное напряжение эмоциональных и физиологических систем организма, вызванное сильным стресс-фактором;
- от 25 до 40 баллов: состояние сильного стресса, выйти из которого без специально организованной помощи психолога или психотерапевта бывает очень сложно;
- показатель свыше 40 баллов свидетельствует об истощении запасов адаптационной энергии человека, влекущим за собой необратимые или трудно обратимые последствия для здоровья.

2. Причины профессионального стресса

Существует множество факторов, которые могут вызывать стресс на работе. Вот некоторые из причин профессионального стресса:
- необходимость принимать ответственные решения;
- перегрузки или недостаточная загруженность;
- недостаточно четкое определение должностных обязанностей;
- слишком расплывчатые границы полномочий;
- неясные устные инструкции;
- необходимость выполнять трудно совместимые функции;
- неопределенность областей ответственности;
- поведение других сотрудников, вызывающее стресс;
- недостаток профессионального общения;
- невозможность получить консультацию по сложным вопросам;
- внутрифирменная политика и стиль менеджмента, провоцирующие стрессовые ситуации;
- недоступность руководителя;
- высокий уровень стресса у руководителя;
- недостаточная освещенность рабочего места;
- слишком тесное помещение;
- плохая вентиляция;
- некомфортная температура на рабочем месте;
- недоступность необходимых для работы ресурсов;
- плохо оборудованное рабочее место;
- отнимающие много времени и сил поездки на работу и с работы;
- необходимость регулярных командировок;

- недостаточная увлеченность работой;
- рутинная, однообразная работа;
- слабая удовлетворенность выполненной работой;
- слишком высокий или слишком низкий темп работы;
- бесперспективное будущее организации;
- методы работы, конфликтующие с системой ценностей;
- неудовлетворенность развитием карьеры;
- отсутствие перспектив профессионального роста;
- угроза преждевременного увольнения или перевода на менее оплачиваемую работу;
- недостаточная оплата труда;
- несправедливая оценка труда;
- отсутствие нематериальных стимулов;
- напряженные взаимоотношения с коллегами, начальником, подчиненными, другими сотрудниками;
- холерический темперамент;
- неспособность адаптироваться к изменениям;
- недостаточное владение навыками, необходимыми для качественного выполнения работы;
- неадекватные стратегии поведения в проблемных ситуациях;
- неумение работать в коллективе, в составе команды;
- неудовлетворенность положением на служебной лестнице;
- внедрение новых технологий;
- расширение бизнеса;
- изменение месторасположения организации;
- снижение уровня доходов;
- вызывающие стресс события вне сферы профессиональной деятельности;
- отсутствие желания учиться и развиваться;
- конфликт работы с личной жизнью;
- низкая сопротивляемость стрессу

Важно понимать различия между стрессом и страхом. Итак:

Нормальный страх

Как правило (хотя из любого правила бывают исключения), страх возникает на базе негативных переживаний, вызванных или связанных с каким-либо объектом или ситуацией. Например, если вас в детстве больно клюнул гусь, то страх перед пернатыми может оставаться у вас и по сей день. Если вам в метро когда-то в прошлом стало плохо, то эта ситуация может сформировать страх перед поездками в метро. Если после головокружения вы упали в обморок, вполне закономерен страх перед головокружением. Бывает и «индуцированный» страх, когда ребенок начинает бояться того, с чем сам не сталкивался, но от чего приходят в страх или даже ужас другие дети (Баба Яга, Бабай и т. д.) или взрослые (например, страх перед змеями, мышами, пауками и т. п.).

Независимо от природы объекта вашего страха, при встрече с ним вы будете испытывать неприятные переживания. Если вы испытываете, например, страх перед поездками в метро, вы будете чувствовать себя тревожно, дискомфортно, напряженно, находясь в вагоне поезда или спускаясь на станцию метро. Однако в случае нефобического уровня страха вы будете в состоянии контролировать свой страх и не позволять ему ломать ваши планы. Возможно, вы будете предпочитать передвигаться по городу наземным транспортом, но при возникновении такой необходимости сможете без заметных для окружающих проблем воспользоваться и метрополитеном.

Фобический страх

При наличии фобии реакция на фобический стимул будет гораздо более сильной. Например, если у вас есть фобия метро (именно фобия, а не просто страх), то даже если вы сможете заставить себя спуститься в метро и сесть в поезд, ваше самочувствие будет гораздо хуже. Фобия при столкновении с пугающей ситуацией сопровождается такими неприятными симптомами, как сильная дрожь, выраженная потливость, заметное побледнение или покраснение кожи, соответствующими мимическими и эмоциональными проявлениями и т. д. Скорее всего, ваше самочувствие будет весьма неважным во время всей поездки, а малейшая остановка поезда между станциями будет вызывать предпаническое или паническое состояние.

Если ваша фобия будет более сильной, то вы будете не в состоянии не то что проехать одну остановку в поезде — вы не сможете сесть в поезд. Вы будете любыми способами избегать необходимости пользоваться метрополитеном, а если это невозможно, то предпочтете отменить важную встречу или поездку, лишь бы не столкнуться с этой ужасной для вас ситуацией. Не исключено, что страх не позволит вам даже просто спуститься по эскалатору в метрополитен, чтобы, например, встретить или проводить кого-либо из своих друзей или близких. При выраженной фобии приступы страха могут вызываться даже напоминаниями о метро.

Страх или фобия?

Чтобы отличить естественный страх от фобии (фобического страха), нужно в первую очередь оценить силу и продолжительность реакции на фобический стимул. В случае с обычным страхом вы не будете тратить много времени на размышления о его причине, он будет возникать только в ситуациях реального столкновения с пугающим объектом, а сам страх не будет слишком сильным и не будет препятствовать реализации ваших планов (например, поездке в метро).

Страх же, достигший фобического уровня, будет занимать ваши мысли гораздо дольше, он будет возникать и в отсутствие фобического стимула и, разумеется, будет служить серьезным препятствием в повседневной жизни. Фобия — это гипертрофированный, преувеличенный, чрезмерный страх. На его базе может развиться «страх страха» — такое состояние, когда вы начинаете бояться, что случится что-то такое, что опять вызовет эти очень неприятные переживания и ощущения. Возможно, вы начнете менять свою жизнь, чтобы исключить саму возможность возникновения любых потенциальных причин страха. Если же вы вдруг узнаете, что вам все-таки придется столкнуться с ситуацией, вызывающей страх, то на несколько часов, дней, а то и ночей, вы совершенно утратите покой, будете постоянно думать об источнике страха, представлять, как все это будет происходить, воображение будет рисовать самые неприятные картины, а самочувствие, мягко говоря, будет оставлять желать лучшего...

Если в вопросе страхов мы разобрались, то теперь важно внести понимание в ситуацию с фобиями. Иногда стресс, страх и фобию путают, не понимая, что на самом деле происходит с человеком. Неправильный диагноз не позволяет выбрать действенный способ лечения или профилактики.

Виды фобий

«Фобия» в переводе с греческого означает «страх», «боязнь». Но это не просто страх. Чтобы поставить диагноз фобии, необходимо, чтобы страх был устойчивым, постоянным и иррациональным, т. е. не основанным на здравом рассуждении.

Кроме того, в пугающих ситуациях должны присутствовать как минимум два из следующих симптомов тревоги, причем один из них должен входить в первую четверку:

1) усиленное или учащенное сердцебиение;
2) потливость;
3) тремор или дрожь;
4) сухость во рту;

5) затруднения в дыхании;

6) чувство удушья;

7) боль или дискомфорт в груди;

8) тошнота или неприятные ощущения в животе;

9) чувство головокружения, неустойчивости или обморочности;

10) дереализация (чувство, что предметы нереальны) или деперсонализация (чувство нереальности относительно собственного Я);

11) страх потери контроля, сумасшествия;

12) страх умереть;

13) приливы жара или ознобы;

14) онемение или ощущение покалывания.

Из всех фобий наиболее часто встречаются агорафобия и социальная фобия.

К агорафобии относят страх путешествовать без сопровождающих, страх находиться среди большого количества незнакомых людей и другие подобные страхи — находиться в ситуациях, где есть риск остаться без помощи, «если вдруг станет плохо».

Для социальной фобии характерен выраженный страх оказаться в центре внимания или страх повести себя так, что это вызовет смущение или унижение. Эти страхи проявляются в социальных ситуациях, таких как обед в кафе, встреча со знакомыми на праздничном вечере, присутствие на собрании, необходимость выступить перед коллегами и т. п.

Все остальные фобии относятся к так называемым изолированным фобиям. Их — множество. Некоторые из них указаны ниже.

СТРАХ ЖИВОТНЫХ ИЛИ НАСЕКОМЫХ:
- айлурофобия, гатофобия — страх котов;
- акарофобия — страх клещей;
- арахнофобия — страх пауков;
- кинофобия — страх собак;
- офидофобия — страх змей.

СТРАХ ЕСТЕСТВЕННЫХ ПРИРОДНЫХ СИЛ:
- аквафобия, гидрофобия — страх воды, плавания;
- акрофобия — страх высоты;
- анемофобия — страх сквозняка;
- батофобия — страх глубины;
- бронтофобия — страх грома;
- кераунофобия — страх молнии;
- никтофобия — страх ночи, темноты;
- омброфобия — страх ливней;

- пирофобия — страх огня;
- талассофобия — страх моря

СТРАХ, СВЯЗАННЫЙ СО ЗДОРОВЬЕМ:
- бациллофобия — страх патогенных микроорганизмов;
- гематофобия — страх вида крови;
- кардиофобия — страх проблем с сердцем;
- одонтофобия — страх стоматологического лечения;
- фебрифобия — страх лихорадки

СТРАХ СИТУАЦИЙ:
- автофобия, монофобия — страх оставаться одному;
- клаустрофобия — страх закрытого пространства;
- ксенофобия — страх иностранцев, посторонних;
- охлофобия — страх толпы, переполненных мест;
- эниссофобия — страх критики

СТРАХ ПРЕДМЕТОВ:
- айхмофобия, белонефобия — страх острых, колющих предметов;
- гиалофобия — страх стекла;
- катотрофобия — страх зеркал;
- компьютерофобия — страх компьютеров;
- макрофобия — страх больших предметов;
- микрофобия — страх маленьких предметов

СТРАХ ДЕЙСТВИЙ И СОСТОЯНИЙ:
- амаксофобия — страх ездить на транспорте;
- базилофобия — страх ходьбы;
- лалофобия — страх говорить;
- стазибазифобия — страх вертикального положения и ходьбы;
- стазифобия — страх стоять;
- тремофобия — страх дрожи;
- эргофобия, эргазиофобия — страх работы, ответственности;
- эрейтофобия — страх покраснения

ДРУГИЕ ИЗОЛИРОВАННЫЕ ФОБИИ:
- аматофобия — страх пыли;
- дисморфофобия — страх воображаемых дефектов внешности;
- кайнотофобия, ценотофобия — страх новых вещей и идей;
- ксеноглоссофобия — страх иностранных языков;
- мизофобия — страх грязи;
- неофобия — страх нового;
- ономатофобия — страх определенного слова или имени;
- панофобия — страх всего;
- симболофобия — страх символов;

- трискайдекафобия — страх числа 13;
- трихофобия — страх волос;
- фобофобия — страх возникновения фобии («боязнь боязни»);
- фонофобия — страх звука;
- эпистемофобия — страх знания

Это далеко не полный перечень фобий. Тем не менее, он позволяет составить представление о том, насколько широко распространены фобические расстройства в наше время.

К счастью, фобии излечимы, и лечить их необходимо. Если вы — политик, который претендует на депутатский мандат или министерский портфель, у вас не должно быть явных фобий. А то будете себя чувствовать, как Ангела Меркель на приеме у Владимира Путина. Напомню, тогда во время встречи выбежал любимый пес Путина — и испуганное лицо Меркель навеки осталось на страницах в Интернете и социальных сетях.

Оппоненты, зная ваши фобии, могут их использовать против вас.

Кстати, я тоже боюсь собак и высоты. Давайте бороться с фобиями вместе?

3. Стресс и депрессия

Стресс может вызвать депрессию. Это связано с тем, что при стрессе организм тратит свои резервы, а в послестрессовом периоде нуждается в восстановлении. Поэтому некоторая подавленность, угнетенность и нежелание что-либо делать являются вполне закономерными результатами стресса. Подобные эмоции препятствуют дальнейшей деятельности, что дает организму возможность быстрее восстановить свои силы. В норме такое состояние бывает не сильно выраженным, длится недолго и после отдыха исчезает.

Однако слишком длительный или слишком тяжелый стресс может привести к клинически значимой депрессии, которая требует квалифицированной помощи врача — психотерапевта или психиатра. Как отличить нормальную послестрессовую депрессию, которая проходит самостоятельно, от патологической, которая требует медикаментозного или психотерапевтического профессионального вмешательства?

Мы — не железные роботы, хотя многие политики себя таковыми чувствуют. Или выдают желаемое за действительное. Стрессы и депрессии бывали у всех, хотя бы раз в жизни. Отрицать этого не стоит. Мол, мы такие сильные мужики или суперволевые леди. Лучше это признать, найти действенное лекарство и излечиться, тренировать свою стресс-соустойчивость. И оберегать себя от депрессий. Мне знакома ситуация, когда один высокопоставленный чиновник, который сделал хорошую политическую карьеру, на пике своей работы заработал себе инсульт. А спустя время он признался, что у него была хроническая депрессия, и он боялся об этом сказать даже самым близким. Это — кошмар, бояться сказать близким, что тебе плохо, и что ты нуждаешься в помощи. Не доводите себя до такого.

4. Четыре группы симптомов стресса

Можно выделить, как минимум, 4 группы симптомов стресса: физиологические, интеллектуальные, эмоциональные и поведенческие.

ФИЗИОЛОГИЧЕСКИЕ СИМПТОМЫ:
- стойкие головные боли, мигрень
- головные боли
- неопределенные боли
- нарушение пищеварения
- метеоризм — вздутие живота образующимися газами
- запор или диарея
- спазматические, резкие боли в животе
- учащенное или нерегулярное сердцебиение
- чувство нехватки воздуха на вдохе
- тошнота
- судороги
- утомление
- подверженность аллергиям
- повышенная потливость
- сжатые кулаки или челюсти
- обмороки
- частые простудные заболевания, грипп, инфекции
- возобновление болезней, имевших место ранее
- быстрое увеличение или потеря веса тела
- частое мочеиспускание
- ощущение покалывания в руках и ногах
- мышечное напряжение, частые боли в шее и спине
- кожные сыпи
- чувство комка в горле
- двоение в глазах и затруднения при рассматривании предметов.

ИНТЕЛЛЕКТУАЛЬНЫЕ (КОГНИТИВНЫЕ) ПРИЗНАКИ СТРЕССА:
- нерешительность
- ослабление памяти
- ухудшение концентрации внимания
- повышенная отвлекаемость

- «Туннельное» зрение
- плохие сны, кошмары
- ошибочные действия
- потеря инициативы
- постоянные негативные мысли
- нарушение суждений, спутанное мышление
- импульсивность мышления, поспешные решения

ЭМОЦИОНАЛЬНЫЕ СИМПТОМЫ:
- раздражительность
- беспокойство
- подозрительность
- мрачное настроение, депрессия
- суетливость
- ощущение напряжения
- истощенность
- подверженность приступам гнева
- циничный, неуместный юмор
- ощущение нервозности, боязливости, тревоги
- потеря уверенности
- уменьшение удовлетворенности жизнью
- чувство отчужденности
- отсутствие заинтересованности
- сниженная самооценка
- неудовлетворенность работой

ПОВЕДЕНЧЕСКИЕ ПРИЗНАКИ СТРЕССА:
- потеря аппетита или переедание
- плохое вождение автомобиля
- нарушение речи
- дрожание голоса
- увеличение проблем в семье
- плохое распределение времени
- избегание поддерживающих, дружеских отношений
- неухоженность
- антисоциальное поведение, лживость
- неспособность к развитию
- низкая продуктивность
- склонность к авариям
- нарушение сна или бессонница
- более интенсивное курение и употребление алкоголя

- доделывание работы дома
- слишком большая занятость, чтобы отдыхать;

5. Этапы стресса
Стадии стресса

Канадский физиолог Г. Селье выделил **три основные стадии**, по которым развивается стресс, независимо от того, чем он спровоцирован — внешними или внутренними причинами. Эти стадии в первую очередь свидетельствуют об истощении адаптационных сил организма...

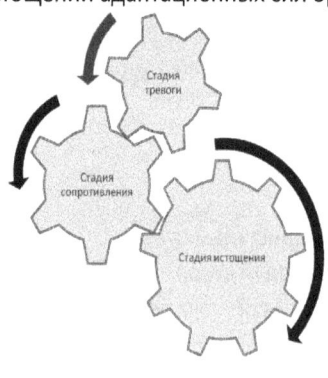

Стадия	Описание
Стадия тревоги	• Начинается с так называемой "фазы шока", во время которой возможности сопротивления организма могут значительно снижаться • Заканчивается "фазой противошока", т.е. включением различных защитных механизмов, помогающих организму сопротивляться негативному влиянию
Стадия сопротивления	• Если действие стрессора совместимо с возможностями человека адаптироваться к нему, признаки реакции тревоги практически исчезают, а уровень сопротивления поднимается значительно выше обычного
Стадия истощения	• Под влиянием длительного воздействия стрессора адаптационные возможности человека истощаются, а вновь возникшие признаки тревоги становятся необратимыми

Виды стресса

Стрессы можно подразделить на:
- эмоционально положительные и эмоционально отрицательные;
- кратковременные и долгосрочные, или, другими словами, острые и хронические;
- физиологические и психологические. Последние, в свою очередь, подразделяются на информационные и эмоциональные.

Различают кратковременный (острый) и долговременный (хронический) стрессы.

Для острого стресса характерны быстрота и неожиданность, с которой он происходит. Крайняя степень острого стресса — шок. Шок, острый стресс почти всегда переходят в стресс хронический, долговременный. Шоковая ситуация прошла, вы, вроде бы, оправились от потрясения, но воспоминания о пережитом возвращаются снова и снова.

Долговременный стресс не обязательно является следствием острого, он часто возникает из-за малозначительных, казалось бы, факторов, но постоянно действующих и многочисленных.

Физиологический стресс возникает в результате прямого воздействия на организм различных негативных факторов (боль, голод). Психологический вызывается факторами, действующими своим сигнальным значением: опасность, информационная перегрузка. Эмоциональный стресс имеет место в ситуациях, угрожающих безопасности человека (войны, тяжелые болезни), его социальному статусу, межличностным отношениям. Информационный — возникает при информационных перегрузках, когда человек, несущий большую ответственность за последствия своих действий, не успевает принимать верные решения.

6. Стрессогенные стили мышления

Еще древние философы говорили о том, что мы реагируем не на события как таковые, а на то, что мы о них думаем. Реакция человека на какое-либо событие зависит от его мыслей. И стрессовая реакция — в том числе.

Существует ряд ошибок мышления, которые могут приводить к неоправданно сильному, чрезмерному стрессу. К наиболее частым ошибкам относятся:

1. *«Черно-белое мышление»*. Мир видится в черно-белых тонах, без цвета и полутонов. Человек мыслит категориями «все» или «ничего» и считает себя полным неудачником при малейшем несовпадении ожиданий с реальностью.

2. *Чрезмерные обобщения.* На основании единичных фактов формулируется глобальный (и ничем не подтвержденный) вывод. Часто используются слова «никогда», «никто», «ничего», «все», «все», «всегда».

3. *Катастрофизация.* Это своеобразное «раздувание из мухи слона». Происходит преувеличение негативного события до тех пор, пока оно не вырастает в сознании человека до размеров катастрофы. Могут использоваться слова «кошмарный», «ужасный», «страшный», «трагический» и т. д.

4. *Субъективизация.* Другой вариант «превращения мухи в слона», когда человек настроен на определенное объяснение событий, и упорно пытается найти этому подтверждение. Если же подходящих фактов не обнаруживается, «подтверждения» формируются из всего, что находится под рукой, в том числе из собственных эмоций.

5. *Чрезмерный пессимизм.* «Эффект подзорной трубы», при котором преуменьшаются хорошие новости и преувеличиваются плохие. Человек обращает внимание только на негативные стороны жизни, при этом упорно игнорируя позитивные моменты.

6. *Мечтательность и отрицание реальности.* Человек полон красочных, но абсолютно нереалистичных ожиданий насчет себя, других людей, работы, профессии, окружающего мира и т. д. При этом часто не видит реальной проблемы, или убеждает себя, что проблемы не существует, хотя на самом деле она очень актуальна.

7. *Чрезмерная требовательность.* Человек предъявляет к себе, другим людям и миру в целом неадекватные, завышенные требования, и прикладывает неимоверные усилия к выполнению этих требований. Часто используются слова «должен», «обязан».

8. *Осуждение и ярлыки.* Человек занимает позицию строгого судьи и выносит мысленный приговор себе или другому. Например: «я — неудачник», «он — плохой человек» и т. д.

9. *Гедонистическое мышление.* Мышление, нацеленное на максимальное удовольствие и полное устранение страданий и любых ограничений. Часто встречаются фразы: «я этого не выдержу», «мне это нужно прямо сейчас», «это слишком тяжело».

10. *Вязкое мышление.* Человек снова и снова возвращается к одной и той же мысли, пока она не заполняет собой все пространство сознания. При этом каждая последующая попытка решить проблему все менее успешна.

Перечисленные ошибки мышления время от времени встречаются у каждого человека. Их выявление и коррекция являются важной составляющей стресс-менеджмента. Этим можно заниматься как самостоятельно, так и под руководством специалиста когнитивноповеденческого направления. Конечно, во втором случае результаты можно получить намного быстрее. Но и при самостоятельной работе можно заметно усовершенствовать свои навыки управления стрессом.

Прямо сейчас, прочитав эти строки, спросите себя: есть ли у меня подобные типы мышления? Проскакивали ли знакомые нотки постановки вопросов во время чтения?

Если да, напишите мне об этом.

7. Как найти мысли, которые запускают стрессовую реакцию

Одним из лучших способов борьбы со стрессом является изменение отношения к событиям, вызывающим стресс.

Вот несколько инструкций, которые показывают, как это делается на практике:

1. Определите самую сильную эмоцию, которую вы испытывали в течение последних 24 часов. Если их было несколько, выберите самую сильную. Обратите особое внимание на эмоциональные симптомы стресса.

2. Сосредоточьтесь на этой эмоции. Пусть она появляется до тех пор, пока вы не ощутите ее отчетливо. Необязательно, чтобы эмоция была сильной, достаточно лишь ощутить ее в самой малой степени.

3. Определите для себя ситуацию, вызвавшую стресс. Что происходило непосредственно перед тем, как у вас возникла эта эмоция? Постарайтесь не включать в описание ваши оценки. Ситуация — это то, что было бы на экране, если бы вы делали видеозапись происходящего.

4. Теперь постарайтесь вспомнить свои мысли. Что вы говорили себе в ситуации, которая вызвала ваши эмоции? Как правило, мыслей бывает несколько. Попытайтесь вспомнить все.

5. Определите, какая из найденных мыслей может вызвать такие эмоции в такой ситуации. Представьте себе другого человека. Если он, имея такие мысли, в подобных обстоятельствах почувствует то же, что и вы, — значит, вы на верном пути. Если нет — повторите шаги 4 и 5.

6. Продолжайте изучение стрессогенных (вызывающих стресс) мыслей в течение недели или двух. Записывайте свои мысли в ситуациях, когда вы испытываете стресс. После накопления достаточного объема информации вы заметите, что определенные мысли повторяются. Это — те стереотипы мышления, которые вызывают у вас стресс при попадании в определенную ситуацию.

7. Когда определите, какая мысль в данной ситуации вызывает у вас стресс, попытайтесь найти мысль, ей противоположную. Затем хорошенько продумайте эту противоположную мысль как в спокойном состоянии, так и

накануне ожидаемого стресса. Если получится сделать это правильно, вы избавитесь от стресса в данной ситуации.

Последний шаг — самый трудный. Вообще, всю эту работу рекомендуется выполнять под руководством опытного специалиста. Поэтому не стоит огорчаться, если вы не достигли ожидаемого результата немедленно. Лучше обратитесь к профессионалу.

8. Универсальная модель стресса

Рассмотрим модель стресса, которая позволит разобраться с механизмом развития проблем, вызванных стрессом. Разделим стрессоры, влияющие на человека, по уровню их воздействия, на две группы: физиологические и психологические. Физиологические стрессоры (кофеин, магнитные бури, резкие перепады температур и т. п.) «запускают» стрессовую реакцию независимо от того, осознает это человек, или нет. С другой стороны, психологические стрессоры обязательно требуют осознания, чтобы оказать свое стрессогенное воздействие. Так как доминирующее положение в жизни современного человека занимают именно психологические стрессоры, для упрощения модели сознательно исключим из рассмотрения стрессоры физиологические, то есть эта модель описывает влияние только психологических стрессоров.

Развитие стрессовой реакции начинается с осознания стрессогенной ситуации. Мысли о ситуации сопоставляются с двумя категориями понимания: 1) воспоминание о прежнем негативном опыте, связанном с подобными ситуациями, вызывает опасение; 2) у человека имеются ожидания относительно данной ситуации. Если ситуация потенциально связана с негативным опытом, или не совпадает с ожиданиями, то она автоматически расценивается как угрожающая, что приводит к немедленному запуску стрессовой реакции и повышению уровня психоэмоционального и физиологического напряжения (рис. 1).

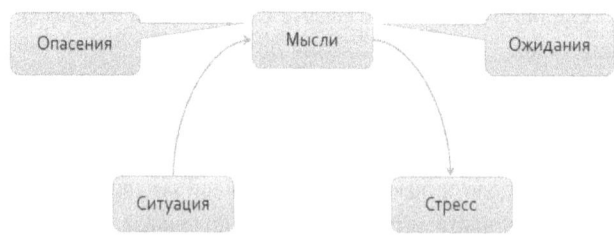

Рисунок 1. Запуск стрессовой реакции

По мере нарастания уровня стресса появляются новые и усиливаются имеющиеся симптомы стресса и возникают последствия стресса (рис. 2).

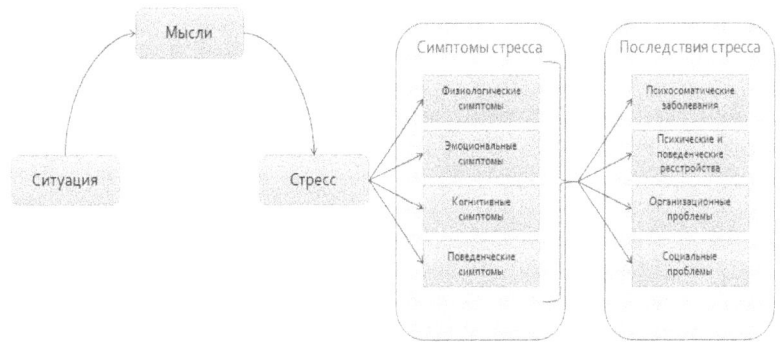

Рисунок 2. Симптомы и последствия стресса

Симптомы стресса можно поделить на четыре группы: физиологические, эмоциональные, когнитивные и поведенческие. Если стресс становится слишком сильным и/или слишком длительным, его проявления могут приводить к формированию различных последствий, которые также делятся на четыре категории:

Психические и поведенческие расстройства (депрессии, реактивные психозы, невротические и связанные со стрессом расстройства, соматоформные вегетативные дисфункции, нарушения сна неорганической природы и т. п.).

Психосоматические заболевания (такие, как гипертоническая болезнь, атеросклероз, ишемическая болезнь сердца, инфаркт, инсульт, язвенная болезнь желудка и двенадцатиперстной кишки).

Организационные проблемы (ухудшение психологической атмосферы в коллективе, повышение конфликтности, падение инициативности, снижение привлекательности работы, снижение работоспособности, ухудшение качественных и количественных показателей труда, снижение трудовой мотивации, увеличение частоты перерывов, увеличение текучести кадров, уровня заболеваемости, числа несчастных случаев на производстве, числа прогулов).

Социальные проблемы (ухудшение социального здоровья в результате повышения уровня преступности, снижения качества жизни и т. д.).

Очень часто из-за повышения уровня стресса появляются новые и усиливаются существовавшие ранее стрессогенные мысли, которые, в свою очередь, вызывают еще большее усиление стресса и его проявлений, тем самым формируя первый порочный круг (рис. 3; порочные круги здесь и далее выделены пунктиром).

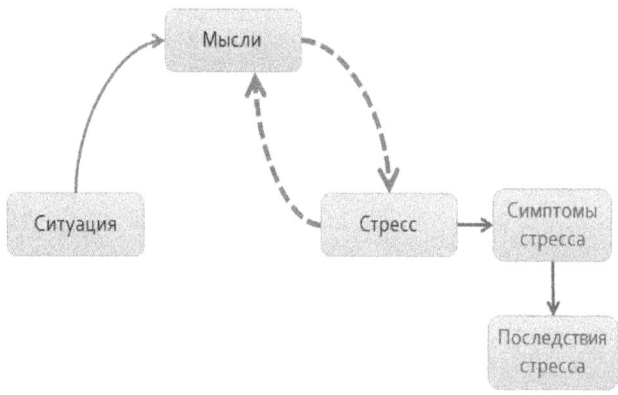

Рисунок 3

Кроме того, нарастание стресса зачастую приводит и к изменению поведения человека: ухудшаются когнитивные функции и нарастает эмоциональное напряжение. Оба этих фактора, как правило, негативно влияют на поведение, усугубляя стрессогенную ситуацию — происходит формирование второго порочного круга.

Третий порочный круг формируется, когда проявления стресса становятся независимой стрессогенной ситуацией (рис. 5).

Рисунок 4. Третий порочный круг

И, наконец, поведение меняет мысли человека, и он становится более чувствительным к воздействию стрессогенных ситуаций в будущем. Формируется четвертый порочный круг (рис. 5).

Рисунок 5. Четвертый порочный круг

Итак, универсальная модель стресса содержит четыре основных звена (ситуацию, мысли, стресс, поведение), связи между которыми могут формировать несколько порочных кругов (рис. 6).

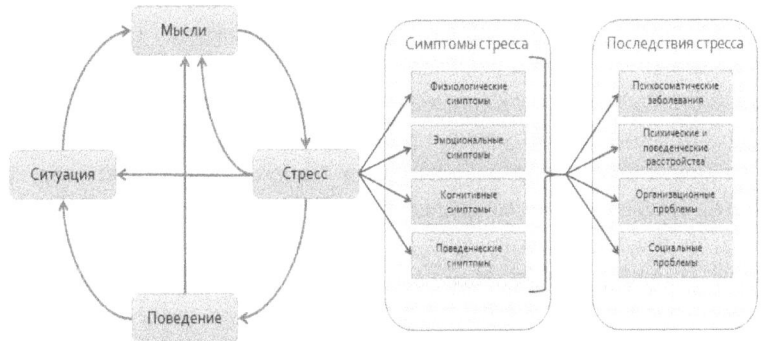

Рисунок 6. Универсальная модель стресса

Анализируя эту модель, отметим: симптоматическая помощь не в состоянии коренным образом помочь в разрешении вызванных стрессом проблем. Не влияя на механизм развития стресса, нельзя достичь долговременных положительных результатов, а, чтобы получить действительно стабильные результаты, требуется вмешательство на уровне ключевых звеньев (рис. 8).

Рисунок 7. Терапевтические мишени

Рисунок 7 демонстрирует, что есть четыре возможных варианта эффективных интервенций: 1) устранение стрессора; 2) изменение отношения к ситуации; 3) изменение поведения; 4) снижение уровня стресса (напряжения). И только первая задача, в случае ее выполнимости, не требует профессиональной помощи. Задачи 2, 3 и 4 условно отнесем к «психотерапевтическим», потому что в большинстве случаев здесь используются когнитивные и поведенческие методы психотерапии (однако в релаксационных целях могут использоваться и иные методы, такие как фармакотерапия, физиотерапия и т. д.; а в некоторых случаях решение этих задач может выходить далеко за рамки психотерапии — например, при работе с организационными последствиями стресса).

Если изменение отношения к ситуации успешно осуществляется с помощью методов когнитивной психотерапии, то изменение поведения — задача поведенческих методов психотерапии. Снизить уровень стресса без изменения стрессогенной ситуации и вызванных ею когниций можно с помощью обучения нервно-мышечной релаксации и других релаксирующих воздействий (физиотерапии, противотревожной фармакотерапии, седативной фитотерапии и т. п.).

Резюмируя эту тему, отметим, что релаксационный тренинг формально относится к поведенческим методам психотерапии, и, соответственно, «психотерапевтические» задачи (изменение отношения, изменение поведения, снижение уровня стресса) могут быть успешно решены с помощью когнитивных и поведенческих методов психотерапии.

Раздел 2.
Стресс в политике

К политическим стрессам я бы отнес:
- боязнь публичных выступлений,
- боязнь проиграть выборы
- боязнь ситуации, когда о кандидате узнают правду
- боязнь компромата,
- боязнь публичности,
- боязнь за свою семью

Тонкость в том, что я должен скармливать тебе кусочки, заставляя поверить, что ты сам их выиграл.
Потому что ты умнее, а я глупее.

Фильм «Револьвер»

Сцена 1

Захолустный городок в глубинке с постсоветской картинкой. Показывают рассвет, петухов и коров, которых гонят на пастбище сельские жители.

Грунтовая дорога, коровы и деревья, слегка колышущиеся от ветра.

По грунтовке не спеша едет 600-й «Мерседес» с номерами АА 6666. Дым небольшими облачками вылетает из выхлопных труб.

Фоном звучит классическая музыка.

Роскошная машина подъезжает к зданию, которое не ремонтировалось с 1987 года. Светлого кирпича двухэтажная постройка с серой крышей, старые деревянные окна, ворота, и большая лужа при въезде.

Открывается задняя правая дверь и показывается красивая мужская туфля, которая неспешно становится на более-менее сухой участок земли.

Здание, к которому подъехал автомобиль, принадлежит местному агромагнату Семсновичу Александру Степановичу.

Александр Степанович — колоритный агродеятель, который в период развала Советского Союза круто разбогател, технично приватизировав колхоз и пару заводов. Сам он живет в этом городке и является местным авторитетом. Мэр и глава администрации скорее подчиняется Семеновичу, нежели своим руководителям в столице. Ведь до столицы нужно еще доехать, а дорога дальняя, и в пути может произойти все, что угодно.

Его кабинет находится на втором этаже, и о его присутствии в здании напоминает небрежно припаркованный джип зеленого цвета — символ достатка и полного отсутствия вкуса.

На фоне полной тишины и разрухи «Мерседес» смотрится еще более эффектно и утонченно — словно красивый белый лебедь в зеленом болоте с квакающими лягушками, грациозно пьющий воду, не обращая внимания на зеленых завистников. При этом его пребывание в заброшенном пруду — единственная утеха глазу.

Припарковавшись, «Мерседес» не замолкает, это свидетельствует, что визит незваного гостя будет коротким. Автомобиль покорно ждет своего хозяина, урча, как кот от удовольствия.

Вышедший из «Мерседеса» молодой человек внешне напоминает мужчину с обложки. Красивые черные туфли, строгий костюм на 3 пуговицы. Белая рубашка и галстук со строгим узлом. Очки и идеальный маникюр. Внешний вид не сулит ничего хорошего. Роковой красавец, напоминающий Хитмэна, только с волосами и кейсом.

Ведь такие ребята просто так в такую глубинку не приезжают.

Выйдя из машины, молодой человек останавливается и осматривает огромное поле. Вдыхает свежий воздух, смотрит под ноги, затем смотрит на часы и заходит в здание.

Он поднимается на второй этаж к кабинету главного, причем делает это так, как будто он здесь — постоянный гость. Уверенная походка. И верный черный кейс в левой руке.

Старая дверь с ободранной ручкой и протоптанный паркет перед дверью — показатели популярности данного маршрута среди посетителей этого здания.

Он не стучит в дверь, а сразу входит. Это — приемная. Она сохранила дух 80-х.

Стол секретаря, растения на подоконнике, холодильник, вешалка, шкаф и чайник. Все имеет свой инвентаризационный номер и свою историю.

За столом сидит секретарь — молодая девушка, которую зовут Юлия. Она — дочь местного агронома, и безнадежно одинока. Ее выдает взгляд и декольте на серой блузке. Читая романы вечером, она засыпает в надежде встретить принца, который заберет ее из этого Богом забытого места. Ей 34 года, и она выглядит на 34.

Увидев молодого человека, она вежливо здоровается, не выдавая своего удивления от того, что может делать этот дядя с обложки у ее начальника. Неужели он хочет открыть свою ферму и выращивать свинок? На заднем плане закипает металлический чайник.

Молодой человек ловко достает плитку дорогого шоколада из своего портфеля.

— Это вам, — произносит незнакомец, протягивая «черный кусочек женского счастья».

— Спасибо, — отвечает она.

— Я к Семеновичу. Он у себя?

— Да, как вас представить?

— Скажите ему, что Святослав.

— А фамилия?

— Просто Святослав.

Она поднимает желтую трубку, нажимает красную кнопку.

— Тут к вам Святослав пришел, — говорит она чуть взволнованным голосом. — Впустить?

Она кивает головой. Это значит, что можно входить.

Забыв спросить о чае и кофе, она разворачивает плитку шоколада и откусывает. Закрывает глаза и представляет себе Париж и объятия из своих вечерних книг. Хотя шоколад, по правде говоря, швейцарский.

Молодой человек открывает дверь, за которой следует вторая — показатель уровня бизнесмена-чиновника, хотя, скорее, его полной и безоговорочной «совковости».

Святослав стучит во вторую дверь, два глухих удара.

Из-за двери слышится голос немолодого агропредпринимателя:

— Заходите.

Молодой человек входит, закрывая первую дверь.

Все его движения напоминают приемы ушу — мягкие, уверенные и холодные.

Закрывая дверь, и поворачиваясь лицом к хозяину кабинета, Святослав улыбается.

Его взору открывается картинка — кабинет типичного «красного директора». Такую же картинку Святослав наблюдал в кабинете директора своей школы.

Старый стол. Портрет Ленина за спиной. Рядом — стол для совещаний, холодильник и дверь в дополнительную комнату отдыха, она слегка приоткрыта.

Со стороны складывается ощущение, что кабинет просто законсервировали, как приемную и здание в целом.

Лучи солнца, которые пробиваются в окно, освещают красную дорожку, ведущую к «трону».

— Проходите, присаживайтесь.

— Спасибо.

— Вам Юлечка предложила кофе или чай?

— Нет, — *спокойным голосом отвечает Святослав, уверенно смотря на хитрого предпринимателя.*

Глазки Александра Степановича заметно бегают, видимо он, как заяц или лиса, понимает, что к нему пришел удав. Который будет его душить. Интуиция его не подводит.

Семенович напоминает советского заместителя министра, неважно какого министерства. Светлый костюм, пиджак которого небрежно наброшен на кресло хозяина кабинета. Светлая тенниска, галстук, прикрепленный простым зажимом. Семенович — среднего роста полный мужчина, с часами «Ракета» и золотым перстнем на безымянном пальце левой руки. От него пахнет духами неизвестной марки. Он выбрит и причесан, как перед приемом у секретаря компартии.

— Святослав, чем могу вам помочь? Земля, курочки? А может, свинки? У нас было одно из самых крупных в Союзе агропредприятий, — *начинает он рассказывать свой фирменный текст.*

Святослав, глядя на него, абсолютно не слышит душетрепещущую историю реальной компании канувшего в лету советского прошлого.

— Давайте выпьем за знакомство! Вы пьете коньяк? У меня есть хороший, привезли из Азербайджана.

— Спасибо, чуть позже, — *отвечает, улыбаясь, Святослав. Получив отказ, Семенович снова заводит пластинку о былом. Но Святослав прерывает рассказчика.*

— Моим партнерам нужен ваш завод, — *утвердительно говорит он.*

— Но завод не продается. Это — наша гордость и кормилец всего района.

— Мы это понимаем, поэтому готовы его купить за 10 миллионов у. е.

— Что вы себе позволяете? Я вам еще раз повторяю... как вас зовут?

— Святослав.

— Святослав, вы меня слышите? Тут до вас было столько людей, которые хотели купить, но так и не купили. Некоторые даже из района выехать не успевали. Аварии на дорогах. Понимаете, — улыбаясь, произносит Семенович. Его глаза светятся нездоровым блеском, как у человека, который болеет простудой и с температурой лежит дома три дня.

Улыбка с уст Святослава плавно уходит и его умиротворенное лицо не сулит ничего хорошего.

Глядя на этого советского директора, Святослав плавным движением руки вынимает белый конверт из правого внутреннего кармана своего дорогого костюма, шитого на заказ. Из-под рукава пиджака выглядывает манжет белой рубашки с инициалами «СВ».
Святослав протягивает конверт Семеновичу.
— Что там? — спрашивает он.
— Откройте, и увидите, — ухмыляясь, говорит Святослав. Следует обратить внимание на сам конверт. Это — ручной
работы мини-произведение искусства, он так же утончен и идеален, как и его обладатель. Конверт из бумаги цвета слоновой кости с инициалами «СВ».
— Поглядим, что тут у нас, — бормоча себе под нос, Семенович принимается вскрывать конверт, и вдруг вскрикивает: — О, Боже!
В конверте — фото его дочери, которая учится в киевском престижном вузе. Стоит отметить, что эта фотография — с домашнего комода отца. На фото его дочь изображена с дельфином в аквапарке. Это было лет десять назад. Она была совсем ребенком, впрочем для отца она будет ребенком всегда.
— Господин Семенович, для безопасности вашей дочери сделайте нам одолжение — продайте завод. Ведь вы хотите, чтобы она еще много раз увидела море, вас, родила вам внуков?
— Вы что, совсем с ума сошли? Вы забываетесь, молодой человек! Кто вам позволил?! Шантажировать меня вздумали?
После этих слов Святослав медленно правой рукой отстегивает шлейку предохранителя на кобуре под левой рукой. Вынимает руку и кладет на колено. Из-под дорого пиджака на секунду выглядывает матовый металлический предмет.
— Семенович, у вас есть пять минут на принятие положительного решения, — спокойным голосом сообщает Святослав.
— Я сейчас сделаю один звонок, и те, кто вас прислал, будут молить о пощаде, а вы... Вы будете жалеть об этой встрече всю жизнь! Тоже мне, бандиты-шантажисты.

Семенович берет свой мобильный телефон, к слову это — простая модель Vertu с кожаной зеленой вставкой на задней крышке. Жлобство, как и его зеленый колхозный джип.

— Але. Петр Алексеевич, это Семенович. Можешь говорить? — отойдя от стола, чуть в сторону говорит Александр Степанович. — Тут у меня в кабинете сидит в черном костюме некий Святослав, просит продать завод, принес фото дочери, ублюдок. Угрожает. Что будем делать?

Петр Алексеевич — чиновник очень высокого ранга. Деятель, который был одногруппником местного агрария, но, благодаря удачной женитьбе, стал чиновником при своем тесте.

— Семенович, сядь и громко не кричи, — говорит Петр Алексеевич. — Перед тобой сидит переговорщик, его к тебе прислали крупные дельцы. На его счету — шесть заводов, которые он купил, и 4 собственника, которые не пережили встречу с ним. И, главное, не делай резких движений, за окном 100% снайпер. Этот человек никогда не приходит один. Так что если хочешь жить и спасти дочь, соглашайся. Они уже не отступят, — взволнованным голосом продолжает чиновник.

— Ну, это мы еще посмотрим, кто кого, сопляка тут прислали и думают, что я обосрусь, — обрывает разговор Семенович и дает отбой.

Семенович ослабляет узел галстука и садится в свое большое кожаное кресло. Открыв верхний ящик стола, где лежат пистолет, бутылка коньяка и пара пачек денег, он быстро выхватывает пистолет и направляет его на Святослава.

— Меня так просто еще никто брал, сучонок! — вопит Семенович.

Несмотря на критическую ситуацию, Святослав соблюдает такое спокойствие и равнодушие, что со стороны может показаться, что он медитирует с открытыми глазами.

— Я бы на вашем месте не суетился, — глядя на пистолет, говорит Святослав. — Вы знаете, что такое крейсер?

— Да, видел пару раз фильмах, — отвечает Семенович, держа пистолет, направленный в голову собеседника.

— Так вот, крейсер никогда не ходит один, его всегда прикрывает подводная лодка. Рекомендую вам посмотреть пару документальных фильмов, занимательное зрелище, когда атакующий эсминец тонет, так и не подойдя близко к крейсеру.

— Мне сказали, что вы ходите в гости со снайпером, — тихо бурчит Семенович.

— Обычно да, но сегодня сделал исключение, — сказав это,

Святослав встает со своего места.

Семенович без предупреждения, как это обычно бывает в фильмах, нажимает на курок. Раздается громкий щелчок. Он нажимает второй раз. Снова щелчок. Пока он нажимает на курок в надежде выстрелить в своего незваного гостя, Святослав мгновенно приближается и очень быстро наносит удар рукой в солнечное сплетение, от такого удара Семенович падает на пол, выронив пистолет.

— Ты что, старый ублюдок, думал, что я не проверю твой стол и пистолет? — громко говорит Святослав, наступая своей туфлей на голову Семеновича. — Пули нынче дорогие, — продолжает Святослав, вынув патроны от пистолета из кармана.

Вот тут пропадает вся сдержанность. Святослав «взрывается», как спусковой механизм пистолета ТТ.

Он со всей силы бьет Семеновича в живот, сила удара настолько мощна, что слышно, как ломаются ребра. Семенович теряет сознание.

Приходит в себя, он уже сидит в своем кресле, перед ним лежит договор, который необходимо подписать.

Единственное, что его смущает: где его секретарь, и почему она не вызывает подмогу или милицию.

Однако Юленька лежит без сознания на своем столе. Шоколад, который ей так красиво подарен, был напичкан снотворным. Поэтому помощи ждать было неоткуда.

Придя в себя, Семенович начинает угрожать Святославу.

— Щенок, если со мной что-то случится, тебя найдут очень быстро, ты понял?

— Заткнись, овца старая. Тебя сдали, отвели на бойню и ждут, когда я тебя завалю, — ты понял?

Заканчивая эту фразу, Святослав, ловко выхватив свой матовый топорик из чехла, бьет им Семеновича по ноге. После удара из ноги сочится кровь. Святослав вытирает топорик о вторую штанину и так же быстро, как достал, прячет его в чехол под пиджак. Это действие напоминает средневековье, да и сам процесс — омерзительный. Семенович орет от боли.

— Подписывай документ, и я вызову скорую помощь, — говоря это, Святослав бросает безвкусный Vertu в окно.

— Я ничего не подпишу, тебе конец, слышишь меня? Ты и пяти километров не проедешь.

— Старик, быстро подписал бумаги и поставил печать, которая у тебя в сейфе — не зли меня. Да, кстати, твоя жена тебе изменяет с твоим водителем, 2–3 раза в неделю у них жаркий секс. Фото показать,

чтобы, так сказать, взбодрить тебя?

— Святослав начинает разбрасывать фотографии по кабинету, бросая их в лицо Семеновичу.

— *Ты лжешь, мерзкий ублюдок. Ты приносишь горе. Это подделки.*

— *Я приношу активы. Горе приносишь ты. Трахал Юленьку, свою секретаршу. А? Ты думал, я ничего не знаю? Твои счета в Швейцарии, кстати, сегодня к 16:00 будут закрыты. Как, интересно, будет жить твоя семья? Да и те деньги, что ты хранил в сейфе спальни, сегодня мой водитель завез в храм. Так что будет построена новая красивая церковь. Подпиши документ, и тебе будет за что жить.*

— *Я ничего подписывать не буду,* — Семенович пытается плюнуть в лицо Святославу.

— *Семенович, знаете, я вас обманул.*

— *По поводу моей жены или денег, урод?*

— *Нет, по поводу снайпера,* — произнося это, он смотрит в окно.

После этих слов раздается хлопок, разбивается стекло окна и пуля прошибает голову Семеновича навылет. Его мозги разлетаются по кабинету.

Картина страшная. Он падает, его нога дергается в луже крови. Парадоксально, но Святослава не задевают брызги, он правильно рассчитал свое положение относительно окна и выстрела.

Он не спеша подходит к столу, забирает договор. Верхний экземпляр, который весь в крови, бросает на тело Семеновича, нижний подписывает ручкой, которую затем вкладывает ему в левую руку.

Не спеша вскрывает сейф. Код банальный — дата свадьбы. Вот урод, изменял своей жене, а код — дата свадьбы. Достает печать и ставит ее на своем экземпляре. Печать забирает собой.

Не спеша выходит из кабинета.

Проходит приемную, в которой сладким сном спит Юлечка. Спускается по лестнице, выходит во двор. Останавливается на секунду.

— *Спасибо за работу,* — говорит он в слух.

Садится в «Мерседес» и плавно уезжает в сторону города. Через пять минут за ним следует на мотоцикле человек с большим чехлом-рюкзаком за спиной.

1. Политические стрессы

1. Боязнь публичных выступлений

Публичные выступления — ключевой инструмент политической борьбы. Некоторые консультанты утверждают, что можно победить выборы без единого публичного выступления, либо минимизировать их до минимума, тем самым скрывая этот недостаток вашего кандидата. На своих семинарах и консультациях я часто говорю о том, что публичные выступления — самая распространенная фобия после боязни смерти. Для некоторых они даже сравнимы — «выступление смерти подобно».

Политик любого калибра просто обязан владеть искусством риторики и грамотно работать с публикой. Ведь это его избиратели. А с учетом того, что в наше время средства коммуникаций и технологий достигли невиданного прогресса, это качество может стать решающим.

Ключевой проблемой является то, что кандидат не хочет признавать, что у него есть проблемы с публичными выступлениями. Мол, все волнуются, и я. Некоторые выпивают 100 граммов коньяка «для расслабления связок», другие пьют микстуры. Для меня это сравнимо с подходом к штанге, когда вы вместо тренировок и отработки техники выполнения упражнения, выпили коньяк и опозорились. Есть такая прекрасная поговорка: «Нет случайностей, есть непонятные закономерности». Я призываю всех консультантов и политиков, которые хотят вести долгую и успешную политическую карьеру и со временем претендовать на высшие политические посты в государстве, тренироваться в умении публично выступать.

Да, вы можете завести себе классного пресс-секретаря, девочку, которая будет очаровывать своим взглядом всех, в том числе вашего ключевого оппонента, она будет вместо вас комментировать и везде светиться, но это может привести только к ее самостоятельной карьере. Примеры приводить не буду, но многие пресс-секретари президентов и премьер-министров ушли от своих шефов и уже сами завели себе пресс-секретарей — в хорошем и плохом понимании этого слова.

Вспомните свои ощущения, когда вы выходите к трибуне, а у вас трясутся ноги и пересыхает во рту. Кружится голова, все слова и заготовки вы забыли, а бумажку с текстом, которую для вас написали, вы, кажется, видите первый раз в жизни. Такого не должно больше никогда быть.

Я не раз наблюдал такие картины, видел испуганные лица консультантов, когда их кандидат или чиновник высокого ранга трясся, как осиновый лист. Но проводить пресс-конференции просто необходимо. Особенно для политиков, которых выбрали по списку, за место в котором они заплатили. Рано или поздно. Лучше — рано и качественно, чем поздно и как мистер Бин. Потому что лучше наработать свой электорат, политический вес и бороться за портфели, чем сидеть всю жизнь в нескольких созывах парламента. Хотя, каждому свое, и не всем быть премьер-министром, хотя многим — ой как хочется.

Свои советы по публичным выступлениям я приведу ниже.

А о страхах я писал выше. Если они у вас есть — то что? Правильно, с ними нужно бороться. Причем начиная прямо сейчас.

2. Боязнь проиграть выборы

Этот страх вызывает страшный стресс, способный сбить с ног даже видавшего виды кандидата или политика. Социология показывает, что вы отстаете на 15%, и у вас не остается времени что-то исправить. Вы исчерпали ресурс. Либо ваш оппонент реально лучше — согласитесь, такое бывает. Но это не повод вешать нос! А у нас получается так, что консультант до последнего говорит, что мы победим, вселяя чересчур много уверенности в кандидата. Это не совсем правильно. Не стоит говорить, что у нас нет шансов, либо что мы обязательно победим, с рейтингом узнаваемости 3%, и этот рейтинг соизмерим с рейтингом дворника местного ЖЭКа. Но вашего оппонента нужно держать в напряжении в течение всей избирательной кампании. Говорите правду, ведь ваши подопечные — не настолько глупые люди. Я часто слышу от кандидатов: «я знаю, что по социологии я проиграл, а мой технолог талдычит, что рано опускать руки и мы выиграем».

Главное — перестать бояться проиграть. Это — не смерть, не потеря близких. Это — игра, и иногда поражение дороже победы. Часть политиков, читающих эти строки, сразу вспоминают «цифру», в которую им обошелся опыт. И думают, что он им достался слишком дорого. У каждого свой путь, иногда может просто повезти. Вспомните о рейтинге президента Порошенко за восемь месяцев до выборов. Приведу один пример: 2005 год, поражение Януковича на выборах Президента Украины. Тогда все сказали: это конец политической карьеры. Глубокая депрессия, серьезные проблемы. Но спустя пять лет непростой политической борьбы не сильно перспективный кандидат научился говорить, работать с аудиторией, внятно излагать мысли и т. д. Его консультанты потрудились на славу. У каждого консультанта есть пара похожих примеров из местных кампаний.

Не стоит бояться проиграть, нужно стремиться выиграть. Всеми силами! Отрабатывать каждую встречу и выступление. Быть уверенным, но не самоуверенным.

Волка бояться — в лес не ходить.

Все политики хоть раз в своей жизни проигрывали. Причем у некоторых самое большое поражение может быть в конце их политической карьеры — когда их фамилии вычеркивают из учебников и сносят памятники. Понятно, что для человека, который проиграл местные выборы, это — сильнейший удар по репутации и его эго, но такие удары полезны, хоть и очень болезненны. Это — опыт, который поможет в дальнейшем.

Найдите в Интернете историю жизни Авраама Линкольна. И хватит себя жалеть.

3. Боязнь ситуации, когда о кандидате узнают правду

Некоторые кандидаты боится правды. Ведь их жизнь — и политическая, и бизнес-карьера — пестрит белыми пятнами, либо нюансами, о которых кандидат или политик хотел бы забыть. Увы, проворные журналисты с вероятностью 80% раскопают все факты биографии. Поэтому обычно, на первой встрече с кандидатом, многие консультанты спрашивают: есть ли что-то у вас в биографии, что нужно спрятать, или то, что может погубить наш план. Большинство кандидатов врут, тем самым копая себе могилу. Ведь есть ряд приемов, как можно обыграть даже самую страшную часть биографии или деятельности. Но о них нужно знать заранее. Ведь консультанты оппонента не дремлют, и очень часто их черные пиар-кампании направлены именно на вашего кандидата. Главная задача этих кампаний — вселить неуверенность. Я знаю случаи, когда это получалось, и уверенный кандидат начинал бояться, что расскажут всю правду, и, к его сожалению, правду рассказали и показали, а он не был готов, и — проиграл. Поверьте, чудес не бывает, но они могут быть, если консультант или штаб знает все «секретики» заранее.

4. Боязнь компромата

Часть политиков очень боится компромата. Причем иногда это может быть простая фотография, сделанная в юные годы, или фото с красивой девушкой. Или с красивым парнем в бане. Политики зачастую забывают, что они постоянно находятся в поле зрения объектива, и что политика — это грязная игра. Независимо от страны и должности. Историю с Домиником Стросс-Каном рассказывать не буду, все ее знают. Думаю, он был бы неплохим президентом Франции.

В этом аспекте у политиков есть две крайности: одни боятся и дуют на воду, а другие «лезут на рожон».

В этом вопросе лучше два раза подумать, а потом — сделать. Ведь обычно политики сами себе приносят неприятности. И мало кто им может в этом помочь.

5. Боязнь публичности

Не все могут пережить публичность. Я утверждаю это вполне серьезно и ответственно. Не испробовав на себе, это сложно даже представить.

Работая в агитационных турах, я часто пересекался со звездами эстрады, которые пели и танцевали, призывая голосовать за кандидата, часто они его даже не знали в лицо. В большинстве случаев — очень приятные ребята, которым все равно, за кого петь. Так вот они даже в туалет не могут сходить, чтобы их не фотографировали. Такая же история и с политиками. Сегодня ты — простой успешный бизнесмен. А завтра ты — узнаваемый кандидат. Который просто зашел пообедать — и тут же выстроилась толпа народа посмотреть и сфотографировать на телефон. Некоторые от такого давления срываются, забывая что в наши дни скорость распространения информации чрезвычайно высока. И это наносит смертельный удар политической карьере, хотя начало было очень многообещающим. Я знаю два случая, когда из-за проблем с большим вниманием два достойных кандидата не стали депутатами. Увы, они посчитали, что им не нужен консультант, который поможет их оградить от такого вида страха. А ведь страх в итоге победил.

6. Боязнь за свою семью

Очень часто дети и жены не знают, чем занимается их глава семейства. Они живут своей жизнью. И когда наступает процесс избирательной кампании, они вдруг резко становятся заметными. Да и штабы оппонентов не дремлют. Ведь фото, которые выкладывают дети в социальных сетях, и призывы их отца, а также декларация о доходах, весьма разнятся. Кандидаты думают, что дети святое и что только самые отпетые негодяи будут на этом делать акцент. Но практика показывает, что святого тут нет ничего. Поэтому нужно думать заранее, сможет ли семья пережить избирательную кампанию, и не развалится ли после. Ведь эта нагрузка крайне тяжела.

Писать о семье консультанта я просто не буду. Мне жаль вас, ребята, и жаль ваших «вторых половинок». Как говорилось в фильме «Мартовские иды» — «у меня нет жены, я женат на президентской кампании».

Не подумайте, что все уж совсем так плохо. Но ненормированный график и победа любой ценой никак не вяжутся с тихим семейным ужином каждый день и выходными с шашлыками на даче. Меня лично дважды «снимали» с шашлыков, с криком «очень срочно нужно, чтобы вы приехали».

Правда, иногда семья политика, вместо помощи своему кормильцу, постоянно выкидывает странные номера. Понимая, что они находятся под пристальным вниманием прессы и штаба оппонента, они умудряются то напиться, то фото выложить с дорогой свадьбы простого чиновника. А потом получаешь звонок: — Владислав, а можно фото убрать? — Нет, тем более, что, скорее всего, его уже сфотографировали и, даже если вы его удалите, это ничего не исправит... Правда, ТУ фотографию мы удалили. Не спрашивайте как.

Многие консультанты не стесняются, собирают всю семью и проводят инструктаж, что говорить прессе, если будут спрашивать, как себя вести на публике. У семьи это вызывает сарказм, особенно у взрослых дочерей. Мол, я сама знаю, что мне делать. Еще раз говорю, что политика — это не шахматы, и тут могут ударить всей доской по самому дорогому, для шахматиста это голова, а для политика — его репутация в контексте семьи. Ведь, как говорят избиратели, покажите мне фото его семьи. Ах, все улыбаются и довольны своим отцом семейства? Ну тогда мы за него проголосуем.

2. Политический стресс — это хорошо

Политическая жизнь — сплошной стресс. Каждый новый день — новая страница, страница интриг и подковерных договоренностей. Вчера вы были «на коне», а сегодня вы уже валяетесь на обочине, никому не нужный. Политика — это процесс взлетов и падений, и без этого никуда не деться. Я знаю людей, которые привыкли много поработать и получить фиксированный и постоянный результат. Увы, политика — это катание на льдине по теплым водам, кишащим акулами и всякими тварями. Давайте обойдемся без романтизма: в политику нужно идти закаленным человеком, ибо она выкидывает и перемалывает, как электромясорубка, оставляя болезненные раны на самолюбии жертвы.

Почему политический стресс — это хорошо, отвечу просто: иногда необходимо работать на пределе своих возможностей. Кто-то для этого пьет энергетические напитки, которые делают короткий эффект и приводят к плохим последствиям и еще большей потере сил, чем до приема чудо-напитка.

В политике важно иметь два качества — дальновидность (умение просчитывать ходы на 3–4 движения вперед) и, наверное, беспринципность. И еще третье секретное качество — умение управлять своим стрессом. Фактически это выглядит следующим образом: вам необходимо решить какой-то вопрос, вы его откладываете на последний момент, понимая, что у вас есть 2–3 минуты, чтобы дать ответ, и в итоге самостоятельно себя заводите в стрессовое состояние, в котором, кроме повышения артериального давления, выбрасывается адреналин в кровь. Иногда в таком состоянии вы можете принять быстрое и, главное, правильное для вас решение. Прошу не путать этот странный метод с простой забывчивостью. Читая лекции для журналистов, я привожу пример, когда они оставляют статью или материал на последнюю ночь, и потом в полушоковом состоянии, когда все дедлайны прошли, садятся писать материал. И им эта стрессовая ситуация помогает. Фактически это некий дорогостоящий энергетик. Почему дорогостоящий? Потому что энергия берется из вашего организма, и последствия постоянных стрессов иногда очень плачевны.

Поэтому политический стресс может быть хорошим инструментом принятия решений, при условии что вы не будете злоупотреблять этим и не перейдете в состояние хронического стресса.

Если проводить аналогии, вы просто дожидаетесь, когда придет самая большая волна, и пытаетесь ее покорить. Скажу, положа руку на сердце, сам был свидетелем того, как волна накрывает серфингиста. А точнее — политика. Было это, когда формировался очередной кабинет министров, и президент во время полета утверждал членов кабинета министров по квотному принципу, квоты — олигархов. А в это время кандидаты ждали его в аэропорту, и один из кандидатов от волнения заснул на ровном месте в зале для делегаций. Просто, сидя за столом. Все испугались. Думали, ему плохо, не могли его разбудить. А он просто перенес очень сильный стресс, хотя до этого он не хотел быть министром, но его патрон просто ему сказал, что он будет министром, и точка. Он был и есть успешным бизнесменом, владеет крупными заводами, но вот такое ожидание может сбить с ног даже бывалого.

Пример позитивного политического стресса: один политик должен был выступить на съезде партии, он был вторым номером избирательного списка. Он никак не мог определиться, какую из двух речей брать за основу, хорошие спичрайтеры написали ему два варианта (скажу по секрету, они не знали об этом, то есть каждый думал, что он один пишет речи этому уважаемому человеку). Спичи были готовы за 7 дней до съезда, чтобы политик мог подготовиться и настроиться на выступление. Я присутствовал в зале, когда он тренировал свои выступления, причем он читал две речи. Ну вот так сложилось. Ему предлагали их переделать. Но он сомневался, переживал, чтобы его речь не была лучше выступления лидера партии, поверьте это важно. А лидер, как оратор, был так себе, правда, с годами он исправился. Итак, вечер, завтра утром съезд, политик у всех спросил, кому какая речь нравится и почему, вслух прочитал их по 10 раз. С интонацией и с паузами. Ну вот обе нравятся, и все! Часов в 12 ночи всех отпустили, хотя решения не было. Он сказал, что сам будет думать, и в 8 утра все должны быть в офисе. Утром все собрались в кабинете, он сказал, что заснул в 3 часа ночи, и в таком состоянии он сам дописал одно из выступлений. Тут стресс настал у присутствующих. Все были в шоке, ведь это не настолько простой процесс. Однако, когда политик зачитал свое выступление, все были приятно удивлены и смело заявили, что ему не нужны спичрайтеры, он и так хорошо выступает. Вот такой позитивный политический стресс. После выступления лидер партии у него спросил: кто тебе такую речь писал, мне понравилось, дай телефон автора.

Консультанты стоя аплодировали, но ноги немного дрожали:-).

3. Политическое выгорание, опасность последней недели

Последний промежуток перед днем голосования — самый тяжелый. Ведь вы получаете на руки последнюю социологию и понимаете, вот она — финишная прямая. Нужно собрать силу в кулак и сделать последний рывок. И потом будет победа. Патологическая усталость, натертые ноги и головная боль. Вы ненавидите любое скопление людей. Устали от вспышек камер и интервью. Собственное лицо, которое улыбается вам с бордов, уже не вызывает радости. И вы спрашиваете своих консультантов: когда же это все закончится? А они говорят, что еще капельку нужно потерпеть.

Последняя неделя обычно — как минус год из жизни всей команды. И минус пять лет из жизни начальника штаба.

Страшно, когда цифры показывают невозможность сделать рывок. Хотя снова есть повод для параллели с футболом: необходимо играть до последней минуты. Бывает, и чудо происходит. Но, подчеркиваю, нужно играть, а не стоять или тупо жечь время.

Как говорил Жак Сегела в своей книге, необходимо минимизировать контакты кандидата с журналистами. Наверное, позволю себе с ним не согласиться и, думаю, он сейчас бы такого уже не сказал — с учетом современной скорости распространения информации и степени влияния социальных сетей.

Последняя неделя тяжела тем, что сил уже почти нет. Проделано много работы. Все вымотаны, и кандидат находится на пределе. Некоторые вместо правильных приемов борьбы со стрессом и бессонницей начинают усугублять, или пить. Это реально страшно. Мол, я не выиграю, и все, мы зря потратили деньги и время, и его штаб начинает его жалеть. Подбадривать, мол все получится. Я сам пару раз наблюдал картину, когда кандидат реально не проходил, а ему не показывали правдивые цифры, чтобы он не запил раньше времени. Но он запил после поражения. Причем разрыв был довольно большой. Но в данной ситуации, как с больным онкологией человеком, не нужно говорить всю правду, но и сильно обнадеживать тоже не стоит.

Политик напоминает мне человека, который убил отца и мать, а затем, когда ему выносят приговор, просит его пощадить на том основании, что он — сирота (Авраам Линкольн).

Я рекомендую учитывать последнюю в неделю в процессе подготовки всей кампании, и экономить силы для последнего броска.

Свежесть и уверенность кандидата может сыграть немаловажную роль на финише. Помните об этом.

Некоторые кандидаты «очень кстати» на последней неделе получают психические срывы, и их кладут в больницу. А потом выписывают на следующий день. Зрелище — не для слабонервных. Он лежит в палате под капельницей. С синяками под глазами и пустыми глазами. А тебе нужно ему что-то сказать, и сделать, так чтобы он встал и пошел завтра утром на встречи.

Это — реальная грань, после которой человек может сломаться.

И приходится применять не самый правильный метод: брать родственников или детей, и просить их сделать одно одолжение, рассказывая им о перспективах для их семьи. Кандидат никого не захочет слушать. Некоторые даже запрещают говорить родным и близким. Мол, все, я ухожу с предвыборной гонки. Не хватило сил. Спасибо за работу, и все такое. Расчет возьмете у секретаря.

По логике вещей, можно собираться и ехать домой. С тобой рассчитались. Попытки уговорить не принесут результата... Хотя...

И тут возникает простая идея. Ведь я ничего не теряю. Если он выиграет, он не скажет мне спасибо за это. Но нужно попытаться.

Ты берешь вещи и едешь к его родителям.

Ведь ты знаешь, где они живут. Покупаешь по дороге торт и звонишь в дверь.

Говоришь, что пришел поблагодарить за сотрудничество. Хотя ты их видел один раз — на съемке тематических фото «Кандидат заботится о своих родителях и получает благословение от них».

Это — чистой воды манипуляция. И ты — нехороший человек.

Но ты рассказываешь им, что их сын хороший (необходимо его хвалить, ведь для родителей он — самый лучший в мире), и что ему нужна их помощь.

Что они должны ему помочь выиграть выборы.

Они отвечают, что не могут его заставить.

И тут начинается чистая психология убеждения, в ход идут цифры: десять тысяч людей его поддерживают и он не может их подвести. Его любят, и он помогает детям. И так далее. На планшете ты показываешь видео встреч и фото довольных детей. Убеждать нужно грамотно, и подтверждать свои убеждения — обязательно картинками. Работает.

В конце разговора мать берет трубку, набирает сына и говорит ему простые слова.

Мы тебя любим и желаем только добра. Тебе нужно выстоять эту неделю. Ты не можешь нас подвести. И никаких но. У тебя все получится.

И он возвращается в кампанию и побеждает!

А ты — возвращаешься домой.

Благодарить в таких ситуациях не принято...

Профессиональное выгорание, его симптомы и последствия

Профессиональное выгорание — это синдром, развивающийся на фоне хронического стресса и ведущий к истощению эмоционально-энергических и личностных ресурсов работающего человека. Профессиональное выгорание возникает в результате внутреннего накапливания отрицательных эмоций без соответствующей «разрядки» или «освобождения» от них. Фактически, профессиональное выгорание — это дистресс, или третья стадия общего адаптационного синдрома — стадия истощения (по Г. Селье).

В 1981 году Э. Морроу (A. Morrow) предложил яркий эмоциональный образ, отражающий внутреннее состояние работника, испытывающего дистресс профессионального выгорания: «Запах горящей психологической проводки».

Чтобы понять, какие работники составляют группу риска в случае профессионального выгорания, выделим такие закономерности.

Во-первых, профессиональному выгоранию в большей степени подвержены сотрудники, которые по роду службы вынуждены много и интенсивно общаться с различными людьми, знакомыми и незнакомыми. Это — руководители, менеджеры по продажам, медицинские и социальные работники, консультанты, преподаватели, работники правоохранительных органов и т. п. Причем особенно быстро «выгорают» сотрудники, имеющие интровертированный характер, индивидуально-психологические особенности которых не согласуются с профессиональными требованиями коммуникативных профессий. Они не имеют избытка жизненной энергии, характеризуются скромностью и застенчивостью, склонны к замкнутости и концентрации на предмете профессиональной деятельности. Именно они способны накапливать эмоциональный дискомфорт без «сбрасывания» отрицательных переживаний во внешнюю среду.

Во-вторых, синдрому профессионального выгорания больше подвержены люди, испытывающие постоянный внутриличностный конфликт в связи с работой. Чаще всего это — женщины, переживающие внутреннее противоречие между работой и семьей, а также «прессинг» в связи с необходимостью постоянно доказывать свои профессиональные возможности в условиях жесткой конкуренции с мужчинами.

В-третьих, профессиональному выгоранию больше подвержены работники, профессиональная деятельность которых проходит в условиях острой нестабильности и хронического страха потери рабочего места. К этой группе относятся прежде всего люди старше 45 лет, для которых вероятность нахождения нового рабочего места в случае неудовлетворительных условий труда на старой работе резко снижается по причине возраста. Кроме того, в этой группе находятся работники, занимающие на рынке труда позицию внешних консультантов, вынужденных самостоятельно искать себе работу.

В-четвертых, на фоне перманентного стресса синдром выгорания проявляется, когда человек попадает в новую, непривычную обстановку, в которой он должен проявить высокую эффективность. Например, после лояльных условий обучения в высшем учебном заведении на дневном отделении молодой специалист начинает выполнять работу, связанную с высокой ответственностью, и остро чувствует свою некомпетентность. В этом случае симптомы профессионального выгорания могут проявиться уже после шести месяцев работы.

В-пятых, синдрому выгорания больше подвержены жители крупных мегаполисов, которые живут в условиях навязанного общения и взаимодействия с большим количеством незнакомых людей в общественных местах.

С меньшим риском для здоровья и менее выраженным снижением эффективности синдром профессионального выгорания переживают работники, которые характеризуются следующими особенностями. В первую очередь это — люди, имеющие хорошее здоровье, и сознательно, целенаправленно заботящиеся о своем физическом состоянии (они постоянно занимаются спортом и поддерживают здоровый образ жизни). Эти люди обладают высокой самооценкой и уверенностью в себе, своих способностях и возможностях.

Также подчеркнем, что профессиональное выгорание меньше касается людей, имеющих опыт успешного преодоления профессионального стресса, и способных конструктивно меняться в напряженных условиях.

Говоря о характере таких людей, выделим такие индивидуально-психологические особенности, как высокая подвижность, открытость, общительность, самостоятельность и стремление опираться на собственные силы.

Важной отличительной чертой людей, устойчивых к профессиональному выгоранию, является их способность формировать и поддерживать в себе позитивные, оптимистичные установки и ценности — как в отношении самих себя, так и других людей и жизни вообще.

Симптомы, составляющие синдром профессионального выгорания, условно разделим на три основные группы: психофизические, социально-психологические и поведенческие.

К психофизическим симптомам профессионального выгорания относятся:

- чувство постоянной, не проходящей усталости не только по вечерам, но и по утрам, сразу после сна (симптом хронической усталости);
- ощущение эмоционального и физического истощения;
- снижение восприимчивости и реактивности на изменения внешней среды (отсутствие реакции любопытства к новизне или реакции страха на опасную ситуацию);
- общая астенизация (слабость, снижение активности и энергии, ухудшение биохимии крови и гормональных показателей);
- частые беспричинные головные боли;
- постоянные расстройства желудочно-кишечного тракта;
- резкая потеря или резкое увеличение веса;
- полная или частичная бессонница (быстрое засыпание и отсутствие сна ранним утром, начиная с 4 часов утра или, наоборот, неспособность заснуть вечером до 2–3 часов ночи и «тяжелое» пробуждение утром, когда нужно вставать на работу);
- постоянное заторможенное, сонливое состояние и желание спать в течение всего дня;
- одышка или нарушения дыхания при физической или эмоциональной нагрузке;
- заметное снижение внешней и внутренней сенсорной чувствительности: ухудшение зрения, слуха, обоняния и осязания, потеря внутренних, телесных ощущений.

Кроме того, профессиональное выгорание, возможно, является одной из причин снижения продолжительности жизни, особенно у мужчин. В последние годы врачи говорят именно о стрессе и выгорании как ведущих факторах снижения средней продолжительности жизни.

Социально-психологические симптомы профессионального выгорания проявляются в виде таких неприятных ощущений и реакций, как:
- безразличие, скука, пассивность и депрессия (пониженный эмоциональный тонус, чувство подавленности);
- повышенная раздражительность на незначительные, мелкие события;
- частые нервные «срывы» (вспышки немотивированного гнева или отказы от общения, «уход в себя»);
- постоянное переживание негативных эмоций, для которых во внешней ситуации причин нет (чувство вины, обиды, подозрительности, стыда, скованности);
- чувство неосознанного беспокойства и повышенной тревожности (ощущение, что «что-то не так, как надо»);
- чувство гиперответственности и постоянное чувство страха, что «не получится» или «я не справлюсь»;
- общая негативная установка на жизненные и профессиональные перспективы («Как ни старайся, все равно ничего не получится»).

К **поведенческим симптомам** профессионального выгорания относятся поступки и формы поведения:
- ощущение, что работа становится все тяжелее и тяжелее, а выполнять ее — все труднее и труднее;
- сотрудник заметно меняет свой рабочий режим дня (рано приходит на работу и поздно уходит, или, наоборот, поздно приходит на работу и рано уходит);
- вне зависимости от объективной необходимости работник постоянно берет работу домой, но дома ее не делает;
- руководитель отказывается от принятия решений, придумывая различные причины для объяснений себе и другим;
- чувство бесполезности, неверие в улучшения, снижение энтузиазма по отношению к работе, безразличие к результатам;
- невыполнение важных, приоритетных задач и «торможение» на мелких деталях, неоправданная трата большей части рабочего времени на малоосознаваемое или неосознаваемое выполнение автоматических и элементарных действий;

- дистанцирование от сотрудников и клиентов, повышение неадекватной критичности;
- злоупотребление алкоголем, резкое возрастание количества выкуренных за день сигарет, применение наркотических средств.

Предупреждение стресса

Как себя вести если вы проиграли выборы. А если выиграли? Ведь это не конец.

Политика — это холодная голова, мертвое сердце и грязные руки.
Би Дорси Орли

Один из самых пикантных вопросов в избирательной кампании — как себя вести, если ты проиграл выборы? Неважно, местные, в парламент, или выборы мэра. Даже президентские. Степень накала страстей в последний день — неимоверная. Нервы — просто на пределе, очень тяжело перенести часы ожидания результатов. Ведь перед этим — «день тишины», когда по закону нельзя агитировать. И кандидат как будто отдыхает, хотя зачастую именно в этот день могут проходить встречи, которые и решат исход кампании. Самые жаркие переговоры начинаются, когда приходит последняя социология, и понятно, у кого два туза на руках, а у кого — десятка и шестерка разной масти.

Что касается поведения в последний день, я рекомендую уделять время медитации и помнить, что все самое страшное — уже позади, осталось теперь дождаться и защитить свои результаты. С наблюдателями и юристами и так все ясно: говоря языком бокса, начинается подсчет очков, и вы должны смиренно дожидаться результатов в своем углу. Если социология показывает, что победа в кармане, скорее всего, вам предложат встретиться либо оппоненты, либо представители власти — для того, чтобы о чем-то договориться. Заранее обычно не поздравляют, но если будут звонить, — значит, вы уже выиграли. Я бы на вашем месте ни с кем не встречался, попросил бы дождаться результатов выборов. Ведь завтра ваши акции резко пойдут в гору, а сегодня их хотят купить за полцены. Пусть оценят красоту игры. В крайнем случае, можете заявить через пресс-секретаря, что вы решили этот день провести с семьей. Вариантов может быть много.

Если вы выигрываете выборы, обязательно поблагодарите ваших оппонентов. Произнося простые банальные фразы типа «Наша страна и ее будущее — вот главная цель...», «Наше будущее — это наши граждане» и т. д. Я бы после победы провел встречи со всеми оппонентами, если у них большой рейтинг, и вы не являетесь врагами. Возможно, я бы предложил сотрудничать по каким-либо проектам. Но проводить такие встречи я рекомендую не ранее чем дней через десять после выборов, когда у них осядет горечь поражения и они придут в себя. Мне кажется, что, когда вы выиграете выборы, вы сами уже все будете знать и делать, важно не наломать дров на старте.

Если вы выигрываете выборы, у вас наступает эйфория, некий позитивный стресс, в организме происходят все те же физиологические изменения. Радость, позитивные эмоции переполняют вас изнутри, а затем наступает фаза спада и дискомфорта — пустоты. Иногда сила стресса от победы больше, чем при поражении. Ведь ощущение победы хочется продлить, и уровень эмоций по накалу выше, чем при поражении. Хочется, раскинув руки, бежать по главной площади города, в котором вы выиграли, и кричать: Ееееееессс, я выиграл!!! И некоторые матерные слова в адрес своих оппонентов;-).

Важно учиться держать себя в руках: если вы планируете долго присутствовать в большой политике, то победы и поражения — это нормальный процесс, не бывает политиков, которые бы не проигрывали, тем более, мы не знаем всех тайн.

Я не призываю сдерживать свои эмоции, когда вы подобны зажатой пружине, которая рано и поздно может выстрелить, причем обязательно неожиданно и не вовремя. Необходимо уметь отдыхать, отпускать, так сказать, руль, но и в любой момент уметь взять его обратно в руки. Этому нужно учиться. Ведь, как я уже говорил, после победы будет еще тяжелее, в отличие от поражения. Не забывайте, что это всего лишь выборы, и жизнь завтра будет продолжатся.

В большинстве случаев политики говорят: «Что делать, если я выиграю, я знаю. А вот что делать, если я проиграю?». Часть их окружения говорит: «Да что вы! Вы обязательно выиграете. Не берите дурного в голову. С таким настроем слона не продать...» и тому подобное.

Ну а серьезно: что делать, если вы проиграете выборы? Пойти напиться? Это вы сможете сделать и без помощи помощника, который может стать собутыльником. А то ведь одному пить — неправильно, а тут — такой умный и образованный.

Некоторые проигравшие политики собирают вещи и после оглашения результатов сразу уезжают. Кто в теплые края, кто-то на родину, к маме в село. Ведь там ему было когда-то хорошо и спокойно в детстве, и он хочет оказаться в беззаботном состоянии. Я не рекомендую это делать быстро.

Ведь любые резкие изменения губительны для вас. Да и не стоит бежать после поражения. Его нужно осознать и прочувствовать. Читатель может сказать, что я садист. Поверьте, нет, я сам знаю, что такое становиться вторым. Пускай это было спортивное соревнование, но получать серебро за второе место приятно и больно одновременно, ведь ты всего немного не дотянулся до победы. А это очень неприятно. И, в моем случае, я не могу это исправить. Ведь юниоры выступают только до 21 года. И все поражения в 21 неисправимы, в отличие от выборов.

Советы проигравшим:
1. Это только первый раунд, настраивайтесь на долгую игру.
2. Проанализируйте, что стало причиной поражения на выборах. Но не копайтесь в себе и не вините во всем команду. Проигрывают обычно все. Но необходимо обязательно проанализировать, чтобы не повторять ошибок на следующих выборах.
3. Подготовьте план, что вы будете делать, когда вернетесь из отпуска после кампании. Обычно этот план пишут, пребывая в отпуске. Обязательно напишите его на бумаге.
4. Отпуск. Когда уляжется буря, и сдуются шарики, которыми украшен штаб победителя и главная площадь, все местные и крупные каналы возьмут интервью, задавая вопрос, что помешало выиграть выборы, и вы ответите на все вопросы, — берите свою семью и со спокойной душой езжайте на отдых. Хотя бы на 14 дней, а лучше на 21 день. Если есть возможность выделить это время. А изыскать такую возможность — рекомендую!
5. Поблагодарите всю, команду которая с вами работала. Писать, что нужно всем заплатить, думаю, не стоит. Ибо есть прецеденты, когда кандидаты «кидали» свои команды. Это очень опасно. Ведь это может стать причиной поражений на будущих выборах. А еще обманутые члены команды могут выложить в Интернет материалы, которые могут подхватить оппоненты.
6. Постарайтесь «отпустить» ситуацию. Тут вспоминаются слова одного известного человека, который сказал, что настоящий мужчина должен не жалеть о трех вещах — потраченных деньгах, поступках и женщинах, которых он оставил. Поэтому, даже если вы — женщина-политик, будьте настоящим мужчиной:-).
7. Если вы по каким-то причинам выпадаете из активной фазы политической жизни, вы просто обязаны создавать информационные поводы, совсем ложиться на дно не стоит. Вы все-таки собрали какое-то

количество голосов на выборах, иногда это — десятки тысяч людей. Вы должны продолжать работать на удержания электората.

8. Я бы взял публичную паузу, не появлялся на эфирах 3–5 месяцев. У избирателей короткая память. Они очень быстро забывают. Через год это уже будет историей. Через два года об это мало кто вспомнит. А через три — и вовсе не вспомнят.

Скептики скажут, что можно выиграть и в более сложных ситуациях, вопрос команды, технологов и денег. Как говорит Андрей Кашпур в своей книге «Репутация», «Нет такого слова «невозможно», есть слово «дорого» и «очень дорого»».

Зачем доводить до такого? Можно немного грамотнее себя вести после поражения, чтобы не прибегать к правилам Кашпура.

Вероятность, что придет новый лидер, и вы сможете купить его франшизу и фирменные цвета тоже возможна, но не проще ли выстраивать свою политическую игру? Ведь за франшизы нужно платить, и потом приходится быть полностью от них зависимым. Лидер с миллиардами убегает, а вы станете козлом отпущения.

Поражение — это не смертельная болезнь. Да, это тяжело, и иногда политик приходит в себя три месяца. Но нужно двигаться вперед, не сдаваться. Ведь это только первый тайм, передохнули, и — вперед, бороться завтра. Уверен, у вас все получится на следующей кампании.

Наши люди любят, когда соседу плохо... Если вас подбодрит чужая «плохая история» с итоговой победой, вспомните историю Авраама Линкольна, мужчины, чей портрет расположен на 5-долларовой купюре. Жизнь потрепала его куда сильнее, чем вас, а потом он стал президентом. Или возьмите историю Барака Обамы, которая тоже полна драматических ноток. Примеры из украинской политики пока приводить не буду, ибо наши политики пока еще находятся в активной фазе своей политической карьеры, а у них есть много тяжелых и непростых историй. Так что сейчас некорректно рассказывать о них: могут обидеться:-).

Раздел 3.
Публичные выступления
Сцена 2

Номер дорого отеля на 13-м этаже. За окном открывается красивый вид на старинный город. На улице лето.

Большая спальня, посередине стоит кровать. Возле кровати — две тумбочки, напротив — стол и телевизор. Возле стола, в углу у окна, стоит стул. Все банально, но изысканно и дорого. На постели лежит дама, она полностью обнажена, лежит на боку. За ее спиной лежит Святослав. Его мощный торс прикрывает простыня. За окном уже вовсю светит солнце. На часах — 11 утра.

— Ты долго тут сидишь? — *спрашивает Святослав. Поначалу может показаться, что он говорит сам с собой, но, к сожалению, это не так. В углу на стуле сидит мужчина, забросив ногу на ногу, и читает газету, рядом с ним лежит серебряный пистолет с глушителем.*

— Я читаю свежие новости, — *отвечает мужчина.*

Задавая вопрос, Святослав даже не открывает глаза. Видимо, он просто чувствует присутствие постороннего в спальне.

— Дорогие авторские духи, крем для рук... Ахмед, что ты здесь забыл? — *с закрытыми глазами Святослав описывает своего незваного гостя.*

— Я думаю, мой ответ тебе известен.

Ахмед — убийца-профессионал, но уровнем ниже Святослава. Он обычно травит своих жертв, либо делает им смертельные инъекции. 4 года назад у Ахмеда был заказчик, которого устранил Святослав. До этого утра они друг друга не видели.

Святослав продолжает лежать на диване, размышляя:

«Если бы меня хотели убить, он бы уже меня пристрелил, или попробовал бы это сделать. Значит, хотят что-то сказать. Либо предупредить».

— Зачем ты убил девушку? — *спрашивает Святослав, открывая глаза.*

— Она умерла, не мучаясь, — *отвечает Ахмед.*

— Снотворное 6 кубов?

— Семь. Чтобы наверняка. Она красивая. Жаль, что с тобой вчера села выпить.

Девушка лежит, не двигаясь, часть ее ноги касается ноги Святослава. И она — холодная.

— Ты меня вел со вчера? — присаживаясь на спинку кровати спрашивает Святослав.

— Без резких движений, договорились? — говорит Ахмед. В ответ Святослав молча смотрит на него.

— Да, я тебя вел — банально.

— Я слушаю тебя, Ахмед. Раз ты сидишь, и я пока жив, тебя прислали мне что-то сказать, — говорит спокойным голосом Святослав. *Его голос настолько спокоен, что может сложиться впечатление, что в его спальне сидит его старый друг, и они собираются идти завтракать.*

— Смышленый парень, — изрекает Ахмед. — Я много о тебе слышал, — добавляет он. — Думал, будет тяжелее к тебе приблизиться. Где твои снайперы?

— Они в отпуске, ведь я не на задании.

— Это плохо, для тебя, — говоря это, Ахмед берет пистолет в руку. — Вот же парадокс, я — гораздо более скромный исполнитель, чем ты, но сейчас все может быстро поменяться.

— Ахмед, не тяни, скажи, кто и что от меня хочет? — спокойно говорит Святослав.

— У тебя большие проблемы, ведь последний объект ты «отжал» у очень уважаемых людей, — начинает свою историю Ахмед.

Стоит отметить его внешний вид: он — в белом костюме и мокасинах на босу ногу, у него серая льняная рубашка и легкий шарф. Дорогой ремень, скорее всего с золотой пряжкой. Внешне Ахмед напоминает туриста. По его внешнему виду понятно, что он педантичен до мозга костей. Правильный маникюр, окантовка бороды. Ослепительная улыбка.

— У каких людей?

— У Георгия Андреевича. Обычно такое нельзя говорить, но, с учетом твоих шансов выжить, я тебе открою тайну напоследок.

Святослав улыбается и скрещивает руки на груди.

— Ахмед, — говорит он. — Ты — дешевый тупой чурка, которого не скроет даже дорогой крем и маникюр. Тебе надо было пасти баранов в горах, а не людей убивать.

После этих слов Ахмед направляет пистолет на Святослава, и снимает с предохранителя.

— Ты знаешь, Ахмед, мне даже тебя жаль немного — ты хоть позавтракал сегодня? — спрашивает Святослав.

— Ты издеваешься?

— Нет, — спокойно отвечает Святослав. — У тебя есть любимое блюдо?

— Юморист! Его сейчас завалят, а он меня о завтраке спрашивает, — улыбается Ахмед.

— Жизнь людей ничему не учит, — вздыхает Святослав.

Далее происходит то, чего никто не мог ожидать. Сильный хлопок, и Ахмед падает прямо перед кроватью. В него стрелял снайпер, скорее всего из соседнего дома. Он ему выстрелил в шею, специально, чтобы жертва прожила еще немного, и Святослав успел что-то у нее спросить.

После выстрела Святослав встает с кровати. Со стороны это выглядит, как простой утренний подъем. Плавные движения, он переступает корчащегося от боли Ахмеда, лежащего в луже крови.

Святослав идет в ванную за халатом. Вернувшись, он набирает рецепцию и просит завтрак в номер.

Присаживается рядом с Ахмедом и смотрит ему в глаза:

— Кто тебя прислал? В ответ — тишина.

Святослав сидит и говорил вслух.

— Я знаю, что у тебя есть мать и сестра, — от этих слов у Ахмеда расширяются зрачки. — Я сейчас позавтракаю и поеду к ним в гости. Они живут в этом городе, и думают, что ты — торговец нефтью, — Ахмед захрипел. — Ты знаешь, как режут баранов? Можешь не говорить, знаешь. Я их так же зарежу. Если ты мне скажешь имя заказчика, возможно, я передумаю и поеду в город кушать суп. Все в твоих руках. Вот тебе бумага и ручка. Напиши.

Ахмед задумывается.

— Я бы на твоем месте не сильно думал, — говорит Святослав. — Тебе жить осталось две минуты, — добавляет он.

Ахмед лежит возле кровати, с простреленной шеей. Выстрел был точен, как хирургический надрез.

Святослав наклоняется и смотрит в глаза Ахмеду. Это — леденящий взгляд хладнокровного волка, который готов загрызать.

— Если ты, тупой баран, думаешь, что можно просто так вломиться в мой номер и убить красивую девушку, ты ошибаешься. Я, кстати, сегодня найду твою первую школьную любовь, и ее похоронят вместе с тобой — ее фото висит у тебя в сейфе, — чуть громче говорит Святослав.

После этих слов Ахмед начинает плакать. Он пишет на бумажке: «не убивай».

— Ты мне имя напиши, кто решил меня убрать, а я подумаю.

Ахмед из последних сил рисует звезду, и пишет букву Г.
Святослав берет бумажку и встает во весь рост. На его теле были видны следы огнестрельных ранений — на ноге и животе.

Говори так, чтобы тебя нельзя было не понять.
Марк Фабий Квинтилиан

В начале этого раздела хочу процитировать публикацию одного человека в Фейсбуке (язык оригинала сохранен, названия для корректности упускаем):

Хочу посвятить этот пост моим друзьям из ..., ... и других новых полит сил. (он навеян одним быстро пропавшим постом от одного моего друга)

Начну так... Я уверен, что на чужих ошибках не учится никто, умный — учится на своих, а дурак не учится вообще. Вы умные — вы научитесь. А теперь совет — пройдя все это, вы поймете:

1) все встречи, телефонные разговоры, в которых проходит 90% вашего времени, — все это просто таймитинг, движительная активность ног, рук, языка... и ничего более... просто потеря времени с почти нулевым эффектом, но создающая внутреннюю уверенность в «пребывании в ядре процессов». Вы просто обманываете тем самым мозг — эффект — НОЛЬ.

2) встречи с избирателями, важные переговоры, разговоры с возможными партнерами, переговоры о полит союзничестве... встречи с топовыми госслужащими и политиками — все это НИЧЕГО не даст вашей кампании. Как бы грустно это ни звучало.

3) дурацкая, но философская фраза старухи шапокляк «хорошими делами прославиться нельзя» — это таки правда (

4) всякое доброе дело неминуемо будет наказано и сделал доброе дело — отойди на безопасное расстояние. Эти две аксиомы будут вам в «прыгоди». Когда-нибудь поймете.

ВАМ НЕ ХВАТАЕТ ВРЕМЕНИ на то, чтобы донести обществу свои инициативы, добрые дела, позицию?..

Конечно не хватит — и НИКТО не поможет... ни волонтер, ни пиарщик — донести может только сам АВТОР и УЧАСТНИК... но как же он донесет, если см. п. 1. !

ЧТО ЖЕ ДЕЛАТЬ?:

1. Абстрагируйтесь от внешнего мира... представьте себе что вы ОДНИ! Нет никого. Вам не нужно ни с кем ни о чем говорить... не нужно никого убеждать... ни с кем спорить...

2. Выработайте свою ИДЕЮ. Свой код ОДНИМ предложением.

3. Не занимайтесь ничем кроме как постоянным его коммуницированием БЕЗ обратной связи всеми доступными каналами КОММУНИКАЦИИ кроме личной.

«повторение одного и того же кода дает следующий эффект — стабильность и неизменность позиции в восприятии электората»

4. Идут за Лидером. Лидер не советуется — он ПРОПОВЕДУЕТ. Несет свое УБЕЖДЕНИЕ в массы. Если Лидер советуется — он не лидер. (Лидер — не значит человек — это может быть и группа людей и партия и что угодно...)

5. Событие происходит ТОЛЬКО ТОГДА, когда о нем написали

6. Событие происходит ТОЛЬКО ТАК, КАК о нем написали... а не так, было на самом деле... это интересно только той группе людей, что была с вами...

7. Не отвлекайтесь на критику, троллинг, сатиринг и пр. — если вы ПО-НАСТОЯЩЕМУ убеждены — идите вперед и несите свет в массы. Если вы так не делаете — значит вы сомневаетесь — электорат это почувствует и не пойдет за вами, ибо вы сами не убеждены в своей правоте.

Кто-то скажет — ЦИНИЗМ... да. . . возможно... Но это просто знание законов социальной психологии. Если будете следовать этим простым советам у вас:

1) всегда будет время на информирование;

2) вы будете заняты лишь улучшением своей идеологии, а не ковырянием и самосомнениями;

3) вы будете побеждать;

П. С.: прежде чем расстрелять меня, проанализируйте всех победителей выборов за последние тысячу лет...)

Публичные встречи с избирателями

Самая любимая и опасная тема в контексте любых выборов и пережитых на этих встречах стрессах. Полный оптимизма и энтузиазма политик, подогретый позитивными словами своей команды типа «Олег Петрович, вы — супер, вас любит аудитория и все женщины будут голосовать за вас», выходит в массы — в надежде, что его будут подбрасывать на руках, как звезду рок-концертов. И тут — бац, аудитория голодная и холодная, которая живет в месяц на сумму, которую этот политик тратит на бутылку вина. И что делать?

Уверен, что после проваленной встречи с избирателями в штабе будет учинен «полный караул». Но это не исправит потрепанных нервов и мокрой от переживаний рубашки, хотя, впрочем, черт с ней, с рубашкой.

Практические советы.

1. Не спорить с толпой

Самая ключевая проблема, которая существует в процессе встречи с избирателями, — споры. Политик выходит и начинает нести всякую чушь (излагать свою программу или обещания), и начинаются вопросы о том, когда повысят заработные платы и пенсии и о всяком наболевшем социальном. И тут политик начинает спорить, доказывать, что пенсии и так повысились. И начинается «треш». Ведь толпа — весьма инертна, и один недовольный сразу находит поддержку в аудитории, плюс фактор, что у нас любят обиженных, играет страшную игру против политика. Если политик видит одного заводилу толпы, необходимо его изолировать, только не в следственном изоляторе, а в собственном кабинете. Политик может пригласить его на прием и решить все вопросы. Уходя тем самым от прямого конфликта.

Если в аудитории есть провокаторы, а они там всегда есть, просто не всегда работают, важно себя вести максимально сдержано. Ни в коем случае не заводиться и помнить, что одна зацепка или провокация может изменить весь ход избирательной кампании, подчеркиваю, изменить. Обычно в вопросе работы с провокаторами хорошо помогают помощники, которые могут даже вывести человека из зала. Я говорю это абсолютно серьезно. Правда, они это должны делать в рамках закона и ни в коем случае не применять силу.

В школе политического пиара Piolit PR я предложил аудитории простой кейс. Что делать, если ваш кандидат забыл текст и, стоя на встрече с избирателями, впал в ступор. Ваша реакция?

Аудитория была разделена на шесть команд, и было всего четыре минуты (а я и тогда, и сейчас говорю, что в реальной жизни у вас не будет даже одной минуты, время будет исчислятся секундами).

Ответы аудитории были разные, но все они сходились к одному: нужно устроить провокацию. Выключить свет, выдернуть пожарную сигнализацию или облить кандидата зеленкой (видимо, некоторые ее постоянно с собой носят) или водой.

Вот было бы здорово, если бы помощник, спасая своего патрона, облил бы его зеленкой, а тот бы у него на всю аудиторию спросил: Вася, ты зачем меня зеленкой облил? Ты что, больной?!

В любом случае, стоять и смотреть, как это все происходит, не годится. Необходимо спасать своего командира. В крайнем случае, выйти и стать рядом, и рассказать историю о том, как вы добирались на эту встречу, и как вы благодарны, что сегодня собрались люди.

Я очень люблю рассказывать историю о местных выборах, когда кандидат в депутаты местного совета должен был выступить перед пенсионерами, а он всю ночь пил и спал где-то под сосной. Утром его помощники и штаб собрали полный зал пенсионеров, а его нет. Все в шоке, еле нашли. Умыли, одели. И под руки повели в зал. Его держали, чтобы он не упал, вместо него говорил его пресс-секретарь, а он в конце поклонился и его увели под белые руки обратно. Выборы он тогда чудом выиграл, но это было на грани, просто повезло любителю спиртного, не более.

2. Что-то сделать для избирателей, а потом идти встречаться! Либо спросить: что сделать? Ну и, конечно, пообещать

Очень эффективно работать на встрече, когда политик хоть что-то сделал. Детские площадки, лампочки в подъезде. Либо асфальт. Хотя, нужно помнить, кто за вас голосует, и делать то, что будет позитивно отражаться на голосах, а не просто что-то сделать. Хотя последнее вполне неплохо, но может политических дивидендов не принести.

Для отработки встреч с избирателями предлагаю следующие упражнение.

Вы садитесь на стул, и рядом с вами близко становится 3–4 человека, полностью вас окружив, прямо практически возле лица. И эти люди начинают задавать вам вопросы, а вы пытаетесь на них отвечать. Идеально, если бы эти люди были незнакомы вам — как вариант, сотрудники штаба, ведь народ с улицы может рассказать, как вы тренируетесь. Зачем эти ненужные слухи.

Задача людей, которые окружают вас, создать ощущение дискомфорта, ведь они нарушают ваше интимное пространство, и у большинства людей это вызывает стресс. Довольно неприятно, когда люди слишком близко к вам подходят, начинают задавать вопросы, зачастую провокационные. Поэтому вы должны тренироваться и повышать свой уровень стрессоустойчивости.

Я надеюсь, что вы будете выполнять это упражнение хотя бы раз в два-три дня по 15–20 минут. Ведь вы должны привыкнуть к тому, что на вас смотрят.

Вот еще одно простое упражнение, которые используют для отработки встреч с избирателями в Америке. Садитесь в аудитории, в которой есть 3–4 человека, начинающие задавать провокационные вопросы. Типа, а когда у вас последний раз был секс? А мастурбировали ли вы в детстве? За кого вы голосовали на прошлых выборах? Этих вопросов должно быть много. Свое выступление записываете на камеру. Причем основным условием упражнения есть достаточно значительная сумма, например, 500 долларов. Если задающий вопрос сможет вас вывести из себя, вы платите ему 500 долларов. Деньги сразу нужно положить в конверт и передать помощнику. А то, если вдруг вы проиграете, вряд ли захотите платить.

Попробуйте. Только по-честному.

Мотивированные деньгами люди попробуют вас разорвать в клочья.

Вы спросите: а что мне делать? Как мне себя вести в данной ситуации? Ну соберу я людей, и будут они мне задавать вопросы.

Вам, как политику, необходимо:
- глубоко равномерно дышать;
- помнить, что нельзя выходить за рамки приличия;
- не оправдываться, а пытаться отвечать коротко и ясно;
- можете поинтересоваться именем задающего вопрос: как я могу к вам обращаться. Правда, вам могут ответить: а какое это имеет значение, отвечайте на поставленный вопрос. Но это вам покажет человека, который задавал вопрос с нехорошими намерениями.

Узнав имя, обязательно запомните его и обращайтесь к этому человеку только по имени.

Далее — смотрите по ситуации и обстановке. К сожалению, нет универсальных скриптов. Если вдруг вам задают вопрос, требующий какого-то решения, вы можете начать его записывать на бумагу, обычно это успокаивает даже самого «борзого» жалующегося.

После этого предложите выход из ситуации или решение данного вопроса, либо расскажите, как его будете решать.

Дорогая коммуналка.

Ответ: Первой инициативой в статусе народного (вставить должность, которую хотите занять) будет законопроект о понижении коммунальных платежей за счет (и вот тут нужно им ответить, за счет чего вы это будете делать).

Подобные упражнения направлены на тренировку стрессоустойчивости и реакцию на неудобные вопросы, которые вам будут задавать на встречах с избирателями, в том числе и провокаторы из других штабов.

Ведь вы же знаете, что стресс — это наша реакция на внешний раздражитель. Зачастую раздражителем становится вопрос, которого вы просто не ожидали.

Хочешь мира — готовься к войне (Si vis pacem, para bellum)

Корнелий Непот.

Об обещаниях. На встречах с избирателями нужно быть внимательным и бдительным, ведь в запале кампании можно наобещать такого, что будет поводом для острых вопросов. Всегда помните, что голосуют пенсионеры, поэтому перед встречей с избирателями лучше пройтись по паре-тройке квартир, подарить какой-нибудь еды (шутка), а ведь людям иногда действительно нечего есть, и узнать, что вообще происходит. Сам смеюсь от фразы, которую написал. Кандидат приходит, и спрашивает: как у вас дела? Что плохого? А ты что, не знаешь что у нас плохого? Ты с какой планеты свалился? По факту так и бывает. Особенно, если вы решили баллотироваться в новом округе. Нужно стать ближе к народу. Но не переусердствуйте, а то, бывает, некоторые впадают в крайность.

В вашем округе есть школы, больницы и детские дома. Их нужно посетить обязательно, вместе с хорошим фотографом, только большая просьба личного характера: несмотря на то, что вы туда приходите пиариться, пожалуйста, приходите не с пустыми руками, и заранее попросите узнать, что нужно этому заведению.

Поверьте, им ваши флажки и плакаты не нужны. Отснятый материал, и сам разговор, позволит вам сказать, что вы знаете о том, что происходит в районе (городе или округе).

А фото с детками и довольными (а не испуганными) пенсионерами не оставит равнодушными простых людей.

3. Старайтесь выступать на сцене

Обычно, когда вы стоите на сцене, это минимизирует момент живого общения с избирателями. Странный совет, но иногда — очень полезный. Особенно, когда речь идет о длительных турах. Постоянное общение с народом — это тяжелая затея. А сцена поможет вам немного отгородиться от насущных проблем.

4. Работайте с материалами.

Вы должны убеждать людей. Тут помогут простые банальные правила специалистов по продажам.

1. Избиратель не должен уходить с пустыми руками. Каждый трактует это по-своему. Мол, вот сейчас продуктовый пакет выдам, и не нужно уже выступать. Слава Богу, такие этапы — позади. Но хотя бы агитационную продукцию, газету, флаер дать необходимо.

2. Говорить о результате для избирателя, связывая свои достоинства с конечным результатом: «Я — инженер, и я построю новые дороги».

3. Воздействовать на все виды восприятия информации.

Обязательно показывать видео нарезку, или слайды.
Это нравится людям, и их так проще убедить.
«Легко сказать», — скажете вы.
«Ничего сложного», — отвечу я.
Вы же хотите выиграть выборы?
Представьте себе лицо проигравшего оппонента. Представили?
Представьте, что он плачет, узнав результаты.
А теперь представьте свое лицо. Вы, наверное, неимоверно радуетесь? Да?
А теперь откройте глаза и вперед, поехали! Ведь вы хотите выиграть выборы?

Работа на пресс-конференциях

Политик никогда не должен говорить «никогда

Линдон Джонсон

Как я говорил ранее, политику любого уровня просто необходимо проводить пресс-конференции, общаться с прессой и быть публичным. Какой бы у вас ни был сильный пресс-секретарь, нужно показывать и «виновника торжества».

Я знаю политиков и управленцев топ-уровня (в подчинении — 10 тысяч сотрудников), которые очень боятся подобных мероприятий. На встречах со мной они говорят: «Влад, нам реально страшно. Мы и на курсы ходили, но они нам не сильно помогают. Вы можете с нами поработать и сопровождать нас, а то часто приходится выступать в разных городах». Сам бы я в это никогда не поверил, наблюдая за этими людьми на собраниях и в процессе работы. Сильные, волевые управленцы и политики. Но они никак не могут избавиться от фобий и страхов. Зачастую они боятся, что им могут задать вопрос, на который они не смогут ответить. И — впадают в ступор.

Иногда подготовка к пресс-конференции бывает вот такой.

К политику приходит секретарша, подсовывает презентацию Стива Джобса со словами «Патрон, вы должны это посмотреть, и общаться так же легко и непринужденно, народу нравится, особенно молодежи». Патрон, играясь на телефоне «имени» автора этой презентации, иногда отвлекается на видеоролик, думая, «вот сейчас посмотрю, и сразу все будет «в шоколаде». Знакомая ситуация?

Не буду тянуть резину и перейду сразу к советам.

Как правильно сидеть, как держать руки, вас научит любой бизнес-тренер на семинаре за 15–20 долларов. Да и в открытом доступе эти материалы есть в избытке. Важно, чтобы вы придерживались хотя бы базовых правил, а не просто прошли семинар и получили диплом.

Я хочу поделиться своими упражнениями и наработками.

Искренне смеюсь, когда, посетив подобные семинары, политик ведет себя подобно персонажу смешной сценки «Кролики — это не только ценный мех», когда включили микрофон, и у начальника колхоза включается ступор. Точно так же реагирует и ведет себя начинающий политик и кандидат. Ведь привычки, которые вырабатывались годами, за шесть часов исправить невозможно. Поэтому ни в коем случае не экономьте на отработке навыков публичных выступлений. Эти навыки потом останутся в вами на всю жизнь. А вдруг через какое-то время именно вы будете претендовать на высшие посты в государстве, где уровень требований гораздо выше? И лучше тренироваться всю жизнь, ведь когда может стать выбор между вами и другим претендентом, вы проиграете только потому, что вы — плохой спикер. Многие из вас могут подумать, мол да не стану я никогда президентом! Могу с уверенностью заявить, что по крайней мере три президента, которых я знаю, говорили то же самое за десять лет до своей инаугурации.

Рекомендации

Первое. Репетиция. Стив Джобс репетировал много раз свое выступление, и оно кажется очень простым и доступным, складывается впечатление, что на сцене — простой парень, который разговаривает с другом, при этом будучи CEO самой дорогой компании в мире. Он обязательно репетировал в том зале, в котором собирался выступать. Так делают все артисты перед выступлением. Настраивают звук, знакомятся с залом — акустикой и ступеньками. Ведь часто хочется выйти за цветами, а там — оркестровая яма. И обязательно нужно проверить микрофон. И научиться его правильно держать. А то душите его постоянно, как ромашку, которую стесняетесь подарить девочке Маше.

Вы можете арендовать буквально на один час зал, в котором завтра будет проходить пресс-конференция, и порепетировать.

Текст вам напишет спичрайтер, или секретарь, или могут выдать в вашем штабе. Мол, вот — супертекст, учите, чтобы завтра все знали. Признайтесь, ведь было же такое. Либо вы этот текст можете написать сами. Рекомендую искать тексты выступлений западных лидеров, они есть в открытом доступе. Правда, будет проблема с переводом, не вздумайте переводить тексты с помощью интернет-переводчиков. Текст легко растеряет свой смысл.

Как тренироваться? Садитесь на стул, на котором будете сидеть на пресс-конференции и просите ваших помощников передвинуть максимально близко к вам пару камер. Ведь именно их вы будете бояться больше всего. Они, как немые ищейки, заметят не очень чистую рубашку или немытую голову, а в свете софитов — синяки под глазами и желтые зубы от проклятых сигарет.

Через их круглую и безжизненную линзу вас увидят ваши избиратели и, возможно, примут решение. Необходимо, чтобы это решение было в вашу пользу.

Придвигаете к себе 2–3 камеры и ставите их по центру, чуть левее, и чуть правее. Обычно так и снимают. И начинаете на камеру рассказывать своими словами текст, который вам написали. Излагать — то есть именно рассказывать, и именно своими словами. Заучивать не стоит. Необходимо говорить своими словами, ведь когда вас напугают (включат камеры и наступит тишина), вы будете говорить то, что запомнили, то есть своими словами. Как писать текст с акцентами и правильной расстановкой аргументов, я готов рассказать лично, либо просмотреть один ваш текст в подарок. Адрес электронной почты — в конце этой книги.

Итак, начали тренировку. Желательно, чтобы вы периодически смотрели в боковые камеры, а не, как диктор, пялились в одну, которая перед вами. Если у вас на пресс-конференции будет много камер, предлагаю смотреть в объективы тех камер, чьи каналы вам более симпатичны.

Известное утверждение о том, что нужно выбрать одного слушателя и рассказывать ему, как старому другу, не всегда работает. Ведь камере нужен ваш взгляд. А старых друзей у политиков обычно нет.

Второе Жесты Это важно Читать лекцию о невербальных языках бесполезно. Буду краток: следите за вашими руками и ногами. Иногда, начиная рассказывать о чем-то для вас знакомом, вы забываетесь и происходят довольно смешные случаи, когда начинают стучать ногой, или руку прячут под стол. Сейчас такие промахи недопустимы. Ведь это станет удачной зацепкой для ваших оппонентов. И если ваш главный консультант будет говорить, что черный пиар — это хорошо, я с ним не соглашусь. Я буду проводить параллели с футболом, просто потому что там все предельно ясно и есть жесткие правила. Запомните, выигрывать нужно в раздевалке — выходить на поле и реализовывать свой настрой. Кроме того, выигрывать нужно убедительно.

Соглашусь со скептиками, которые могут ухмыльнуться после этих строк, я — сторонник длинной игры. Выборы нужно выигрывать так, чтобы был «задел» на следующие. И, поверьте мне, таких примеров много, в том числе и в случае президентских выборов.

Просто задавайте иногда себе простой вопрос: а где мои руки?

Некоторые жестикулируют руками, пытаясь жестами продолжить сказанное.

Для других руки являются обузой, и им некуда их деть.

Помните, не следует брать в руки какие-либо предметы — ручки или бумажки.

Вы обязательно начнете лепить кузнечиков, щелкать. Положите руки перед собой в естественной позе. Каждый раз, когда я сам читаю подобные слова, раздражаюсь и не могу понять, а что это такое — естественная поза, и почему автор не написал, как именно эти подлые руки класть.

Рекомендую посмотреть три ролика, которые помогут вам решить этот вопрос. Это — три раунда дебатов Барака Обамы на последних президентских выборах. Если у вас есть возможность, желательно и текст перевести, если вы не очень хорошо знаете английский. Уверен, Барак очень долго тренировался и оттачивал свое мастерство. Обратите внимание на его руки: если раньше они просто болтались, то со временем руки стали его сильным инструментом.

Самым простым советом в аспекте жестов является правда. Если вы говорите правду, говорите то, что действительно думаете, у вас никогда не будут прятаться руки и ноги, вы не будет косить глазами, придумывая на ходу. И да, чуть не забыл, смотреть нужно только прямо, не отводить взгляд ни вправо, ни влево. Только прямо!

Хотя, многие кандидаты, после того как им вручают текст, который они должны почитать и выучить, говорят, что это — бред, и они так не думают. А им в ответ — прочитаете то, что написано, тогда выиграете.

Тут могу сказать следующее. Как говорил Жак Сегела, «Идут за лидером» и «Нужно обещать светлое будущее». Тяжело поспорить с человеком, который помог многим политикам стать президентами.

Я давно заметил, что в процессе избирательной кампании кандидаты, спустя 2–3 недели после ее начала, адаптируются, и написанные не ими тексты воспринимают, как свои собственные и начинают в них верить. Это сродни самовнушению. Политик сам начинает верить, что сможет понизить тарифы для населения, построить дороги и победить безработицу. Смотрится со стороны довольно весело. Главное, что это работает, говорить о реализации сказанного не буду — ведь это не роман, и не сказка.

Третье. Работа с журналистами. Зачастую эту функцию на себя берет грамотный пресс-секретарь. Подчеркиваю два раза: грамотный, с опытом работы — в СМИ, и со СМИ — пресс-секретарь. А не красивая девочка или мальчик, которую можно сводить в кафе и в кино. Моя рекомендация будет довольно странной, но если вы — молодой политик до 35 лет, берите пресс-секретаря старше вас лет на 5–10. Во-первых, это добавит вам политического веса, это очень мудро — брать в помощники человека, который старше вас. Во-вторых, опытный пресс-секретари — это большая находка, ведь от его профессиональных качеств будет зависеть ваша репутация. Он (она) будет вычитывать все ваши интервью, и будет помогать вам на пресс-конференции. Его (ее) основная задача — сделать так, чтобы все увидели вас в лучшем свете. И грамотно коммуницировать с изданиями и журналистами, договариваться об интервью. Пресс-секретарь — это некий симбиоз секретаря и пиар-специалиста. Не хочу на себя накликать гнев недовольных пиарщиков, мол, это — наша работа. По факту, очень часто все вышеперечисленное вешают на пресс-секретаря.

При работе с аудиторией я рекомендую дозированный юмор. И быть интересным.

Да, и, чуть не забыл! На пресс-конференциях нужно кормить журналистов, но не байками с обещаниями светлого будущего, а конкретной колбасой и сыром. А еще хлебом и напитками. Гораздо приятнее писать о том, кто только что накормил журналиста, который наверняка не завтракал. С бутербродом в руках и чашечкой кофе журналист может написать позитивные отзывы. Эх, что с людьми докторская колбаса делает!

Как говорил великий Радислав Гандапас, начните с шутки. Дабы растопить лед. Не всегда нужно начинать с шутки, но она должна быть в запасе, поэтому заранее побеспокойтесь о подборе хорошей шутки или афоризма — актуального, или по теме пресс-конференции, или загляните в календарь, и привяжите шутку к какой-то дате.

Журналисты — тоже люди, и им должно быть смешно, а не грустно и сонно.

Вы также должны подготовить ответы на три вопроса.

1. Почему вы решили стать политиком? Даже если вы опытный политик, у вас должен быть ответ. Поможет, если будут задавать провокационный вопрос.

2. Чем вы лучше других политиков? Но говорить плохо о других политиках я вам запрещаю, вы можете критиковать их действия в политическом аспекте, но не личности. А вдруг в зале будет сидеть другой политик, или его представитель, и начнет качать ситуацию. Не унижайте себе в глазах прессы.

3. Дежурный, традиционный вопрос — что вы сделали для избирателей, но конкретно. Перечисляя, вы обязательно должны загибать

пальцы, по одному. Во-первых — показали большой палец — и рассказываете, что поставили детские площадки, отремонтировали крыши, провели встречи с ветеранами и т. д. , обычно список состоит из пяти подвигов, и в конце вы говорите коронную фразу: я могу перечислять выполненные обещания очень долго. Хотя, иногда на 5 заканчиваются чудеса. А иногда и 5 подвигов приходится придумывать, но по факту они должны быть выполнены. И вам никто не мешает сделать фото на телефон, где вы с довольными мамами и детками. При этом вы можете сказать, что вы не хотели показывать эти фото, но, так и быть, раз вы спросили, я вам покажу и могу выслать не почту. +1 к рейтингу гарантирован. Вы не должны быть похожи на всех.

Четвертое. Подготовленные вопросы и люди.

Этим болеют пресс-конференции президентов и премьеров. Когда все вопросы задают только по списку и прописывают за две недели. Чтобы генералиссимус политического олимпа и его челядь смогли подготовить ответы и шутки.

Такой прием называется «открытый пас». Как именно задавать умные вопросы, лучше почитать в книге пресс-секретаря Ельцина Вячеслава Костикова «Роман с президентом».

Я рекомендую иметь наготове таких людей, но не всегда их использовать. Ведь вы же не знаете, что может произойти. 2–3 человека с красивыми вопросами садятся в зал. Далее начинается шикарная игра пресс-секретаря или консультанта. По ходу пресс-конференции становится ясно, стоит ли использовать этих людей. Обычно им приходит SMS — вставай и задавай вопрос. Правда, в моей практике был очередной смешной случай, когда сотрудник штаба одного кандидата был заранее подготовлен к выполнению задания «вопрос из зала», и в нужное время начал задавать свой вопрос, пытаясь спасти довольно нудную пресс-конференцию. А кандидат не понял глубины игры, и вместо ответа сказал: «Катя, а зачем ты мне задаешь этот вопрос, ты же знаешь на него ответ, и почему ты не в штабе?» Уверен, пресс-секретарь поседел после такого заявления. И, возможно, лишился работы.

Вы должны тренироваться выступать на камеру постоянно. Вас отсняли, и потом разбирают материал и смотрят, что не так, что нужно исправить. Проводя параллель с боксом, любимым видом спорта мэра Киева, нужно отсматривать бои своих противников и обязательно смотреть «свои бои» в записи. Разбирать, где были допущены ошибки, а где наоборот, можно себя похвалить. Ведь жизнь состоит не только из поражений, тут есть место победам и они — не за горами. Победить можно при условии грамотного анализа поведения — своего и противника, и постоянных тренировок. В чудо можно верить, но, как говорится, успех и везение приходит к тем, кто его заслуживает тяжелыми тренировками и стопроцентной самоотдачей. Поэтому, дочитав это абзац, возьмите свой телефон или блокнот, и запишите себе в расписание: тренировка выступления на пресс-конференции. Помните, что ваши «ляпы» могут стать достоянием интернета и смертельной инъекцией вашему рейтингу.

Важно. Помните, что картинка, которую увидят на экранах телевизоров, не сильно зависит от стоимости консультанта, картинка зависит от вашей уверенности, которую необходимо нарабатывать. Иллюзия, что вы можете купить себе эту уверенность, обманчива. Знаю нескольких политиков, которые мне говорят, что им не нужно тренироваться и репетировать свои выступления. Мол, мне напишут «бомбезный» текст, и меня будет консультировать супертехнолог, и мы выиграем. На выходе — отличный текст, хороший дорогой технолог, а картинка — страшная. Неуверенный в себе, испуганный мужик в дорогом костюме с запинками читает текст, держа бумажку трясущимися руками.

Разве вы такого хотите?

Пятое.
Голос.
Возможно, с этого нужно было начинать, Но я оставил голос напоследок. Как часто вы слушаете свой голос? Вы его стесняетесь?
Вы можете им управлять?
Тренируете ли вы его?
Простые советы на каждый день, даже для хороших ораторов.
1. Ваш голос — не похож на ваш голос
Сложите левую ладонь «ракушкой» и приложите ее к левому уху — как наушник. Правую ладонь поднесите ко рту, как микрофон. А теперь изобразите звуковую проверку, как это делают звукорежиссеры: громко считайте, произносите разные слова, меняя интонации. Ежедневно выполняйте это упражнение по 5–10 минут в течение девяти дней. Запишите такой звуковой тест на диктофон и внимательно его прослушайте. Привыкните к звучанию своего голоса «снаружи», так, как его слышат окружающие. Это поможет вам улучшить его звучание.

2. Звук «застревает» в горле

Делайте зарядку для лица, тренируйте активную артикуляцию. Цель — освободить горло, передав основную работу губам и диафрагме. Произносите слоги «кью-икс»: на «кью» губы округляются, а «икс» произносится с широкой улыбкой. Повторите упражнение 30 раз, а затем произнесите небольшую речь, чтобы убедиться в его пользе. При выступлениях голосовые связки будут меньше утомляться, а мышцы рта — легче выполнять посылаемые мозгом команды.

3. Голос «не звучит».

5–10 минут в день громко читайте какой-нибудь текст, но без согласных звуков. Так, фраза «Пять упражнений, чтобы полюбить свой голос» будет звучать как «я-у-а-е-и-о-ы-о-ю-и-о-о-о». Согласные действуют, как трамплин, заставляя гласные звуки вибрировать. Перечитайте тот же отрывок текста, на этот раз чеканя согласные. Голос обретет интенсивность вибрации и звучания, при этом вы не будете утомляться, а понимать вас станут лучше.

4. Ваш голос слишком тихий.

Приложите руки к солнечному сплетению и вспомните о чем-то, сильно вас рассердившем. Проговорите какой-нибудь текст, прижимая руки к животу и стараясь, чтобы звуки исходили именно из области пупка. Четко произносите согласные, широко открывайте рот, таким образом выпуская гнев. Почаще «выплескивайте» свои эмоции — грусть, гнев, радость — таким образом. Голос станет насыщенным, менее официальным, более искренним.

5. Голос обезличенный

Разуйтесь, встаньте босиком и спокойно дышите животом. «Перекачивайтесь» с пятки на носок и обратно. Попробуйте проделать то же самое с закрытыми глазами. Если вы не расслаблены, и энергия слишком сконцентрирована в области головы, — вы потеряете равновесие. Сосредоточьтесь на своих стопах. С помощью этого упражнения вы сможете лучше распределять энергию тела. А тембр голоса станет богаче.

К вопросу о тренировке голоса я обратился к известной радиоведущей Светлане Василенко, которая также известна как эксперт-консультант по технике речи.

Вот советы от Светланы, поверьте мне — благодаря ей многие ролики стали «говорить».

Вы будете удивлены, но работа над голосом начинается в тот момент, когда вы просыпаетесь.

С утра вам придется поработать. Но труд этот будет чистой воды удовольствием. Вспомните, как потягивается после сна кошка. Отпуская и растягивая каждую мышцу.

Не открывая глаза, еще в полудреме, позвольте себе потянуться. Разбудите каждую, даже самую маленькую мышцу.

Очень часто именно мышечные зажимы не дают нам правильно дышать и, как следствие, говорить.

Этот прием поможет и непосредственно перед выступлением. Найдите полминутки, чтобы с удовольствием потянуться. Повертите головой. Наклонитесь вперед и назад. Поднимите руки вверх. Станьте на носочки. Эти нехитрые движения помогут отпустить все мышечные зажимы.

Чтобы долго говорить, понятно, красиво, и при этом не испытывать проблем с голосом и горлом, научитесь правильно дышать. Работайте диафрагмой. Как это сделать? Проще простого.

Представьте ненадутый воздушный шар. (Внутренняя визуализация очень важна. Она поможет вам лучше понять, что происходит в вашем организме во время вдоха-выдоха).

Вместе с глубоким вдохом носом втягивайте с воздухом и воздушный шар. Он легко скользит через нос. Щекочет голосовые связки. Воздух наполняет легкие. А шарик путешествует дальше, к расслабленной диафрагме. Она пропускает его в живот. И там он начинает надуваться под давлением воздуха, который вы взяли на вдохе. Мышцы живота полностью расслаблены.

Теперь пришло время выдоха. Сознательно подтягивайте мышцы живота, выпускайте воздух из шара. Поджимайте диафрагму. Она толкает воздух выше. И вот он выходит. Через рот.

Помните: вдох — всегда только через нос, а выдох — через рот.

Сделайте таких вдохов-выдохов 3–5 раз, тщательно наблюдая за тем, что делает ваш организм.

Чтобы улучшить мышцу диафрагмы, существует множество упражнений. Вот два из них.

Упражнение 1. Именинный торт. Перед вами — три свечки. Вы глубоко вдыхаете носом. А выдох делите на три равных части. Так, чтобы каждая свечка получила свою толчковую порцию воздуха. Увеличивайте количество свечек на вашем торте, как только вы почувствуете, что стало легко.

Упражнение 2. Цветы. У вас есть три ароматных цветка. Каждый из них хочет, чтобы вы в полной мере насладились его запахом. Разделите вдох на три равных части. Носом сделайте три вдоха. После третьего спокойно выдохните ртом. Увеличивайте количество цветков, когда поймете, что стало очень легко.

ВЫСТУПЛЕНИЕ

Перед выступлением сделайте 3–4 глубоких вдоха-выдоха. Это поможет снять внутреннее напряжение, насытит мозг кислородом и избавит от нервозности.

Наш речевой аппарат, как и наш организм, любит регулярные физические нагрузки. Для улучшения его работы существует артикуляционная гимнастика. Она объединяет работу трех групп мышц: губ, языка и челюсти. Вот — некоторые из упражнений.

Губы:

Упражнение 1. Улыбочка-уточка

Рот закрыт. Зубы сжаты. Челюсть во время упражнения не работает. Только губы. Сначала они растягиваются в широкой улыбке, не показывая зубы. После этого собираются вместе и вытягиваются вперед, имитируя клювик утки. Количество подходов 3–5.

Упражнение 2. Кролик

Рот закрыт. Зубы сжаты. Верхняя губа максимально расслаблена. Нижняя губа и челюсть в этом упражнении не задействованы. Верхняя губа поднимается максимально вверх к носу, показывая зубы. Количество подходов 3–5.

Упражнение 3. Маска

Рот приоткрыт. Челюсть отдыхает. Губы обволакивают зубы и стремятся в глубину рта. Потом возвращаются, растягиваясь в широкой улыбке. Количество подходов 3–5.

Язык:

Упражнение 1. Внутренние шпажки.

Рот закрыт. Зубы и челюсть расслаблены. Язык принимает форму шпажки. И поочередно колет внутреннюю сторону щеки. Количество подходов для каждой щеки: 3–5.

Упражнение 2. Циферблат.
Рот широко открыт. Язык вытягивается и превращается в стрелку. И начинает двигаться по кругу. Старайтесь языком не дотрагиваться до губ. Количество подходов 3–5 по часовой стрелке и столько же — против часовой стрелки.

Упражнение 3. Художник
Рот широко открыт. Представьте язык — это кисточка, и им нужно хорошо прокрасить потолок — ваше небо. Начинайте работу с верхних зубов, постепенно двигаясь к горловому язычку и обратно. Количество подходов 3–5.

Челюсть. Она любит только бережное отношение. Поэтому все упражнения делайте медленно и без рывков.

Упражнение 1. Щелкунчик.
Рот закрыт. Зубы в привычном положении. Губы и язык расслаблены. Максимально вниз опускается только нижняя челюсть до вашего личного максимума. Количество подходов 3–5.

Упражнение 2. Челюсть вперед
Рот приоткрыт. Губы и язык расслаблены. Нижняя челюсть выдвигается максимально вперед и возвращается назад. Количество подходов 3–5.

Упражнение 3. Сдвижки
Рот приоткрыт. Губы и язык расслаблены. Нижняя челюсть плавно движется вправо. Возвращается на место. Потом влево. И снова на место. Количество подходов на каждую из сторон 3–5.

Многие считают, что скороговорки улучшают дикцию. Да, правда в этом есть. Но при условии, что работаете вы с ними правильно.

Алгоритм работы с новой для вас скороговоркой я практикую такой.

Первый раз прочитайте ее по слогам, только артикулируя, то есть, двигая губами, не добавляя голос. Ваш речевой аппарат должен привыкнуть к сочетанию звуков. Второй раз прочтите скороговорку тихо по слогам, но не шепотом. Третий — обычным для вас голосом в медленном темпе. Четвертый раз позвольте вашему голосу звучать громче и немного ускорьте темп. И пятый, если вы уверены в том, что все звуки в скороговорке выговариваются вами правильно, прокричите ее быстрее.

Вот вам несколько скороговорок для работы:

Четыре черненьких чумазеньких чертенка чертили черными чернилами чертеж чрезвычайно чисто.

Карл у Клары украл кораллы, а Клара у Карла украла кларнет.

Шла Саша по шоссе и сосала сушки.

Скороговорок существует очень много. Поэтому советую из них создать себе небольшой рассказ — многоговорку. Выучить ее на память и перед выступлением раза 3 проговаривать вслух.

Чтобы развить правильную артикуляцию и не бояться разных сложных слов, работайте с буквосочетаниями. Для этого запомните табличку гласных: И-Э-А-О-У-Ы. Гласные должны стоять только в такой последовательности. После этого выбирайте согласные, которые вызывают у вас наибольшую сложность.

Для примера, я возьму звук [Р]. Максимально открывая рот, проговорите следующие слоги: РИ-РЭ-РА-РО-РУ-РЫ. Не забывайте хорошо артикулировать. Никуда не спешите. Вы должны четко и внятно проговаривать каждый звук — и согласный, и гласный. Когда вам это удастся, ускоряйте темп. И усложняйте. Например, пройдитесь по табличке с такими буквосочетаниями: РИР, РИРИ, РИРИРИ, ИР, ИРИ, ИР-РИ.

Создайте свою сложную «буквосочеталку». Она будет содержать звуки, с которыми вы не очень дружите. Она может быть такой: ТИДИТ-СТРИ-ФИВ-КПТИ. Перед выступлением достаточно прочесть ее согласно упомянутой табличке гласных 1–2 раза.

Пример: ТИДИТ-СТРИ-ФИВ-КПТИ
ТЭДЭТ-СТРЭ-ФЭВ-КПТЭ
ТАДАТ-СТРА-ФАВ-КПТА
ТОДОТ–СТРО-ФОВ-КПТО
ТУДУТ СТРУ-ФУВ-КПТУ
ТЫДЫТ-СТРЫ-ФЫВ-КПТЫ

Немного о внешности.

Очень важный вопрос — это внешний вид политика. Существует миллион стилистов и имиджмейкеров. Поймите, голосуют в основном женщины, и поэтому картинка, которую они видят, должна быть идеальна, но и про мужчин тоже не стоит забывать. Костюм должен сидеть, как на Сильвио Берлускони, обратите внимание на его стиль. Я сейчас говорю только о его стиле в одежде, а не политике. Не всем политикам топ-уровня получается так же элегантно и стильно выглядеть. Я не хочу называть фамилии топ-политиков, которые позволяют себе выходить на пресс-конференции в мятом костюме, но для меня это дикость, и недоработка протокольной службы. Для меня это — плевок в лицо всем.

Если пресс-конференция проходит в неформальной обстановке, я бы рекомендовал проводить ее на открытой местности. Это дороже и тяжелее, но смотрится эффектнее. Позаботьтесь о вашем внешнего виде (обычно об этом думает жена или стилист).

Как я говорил ранее, будьте оригинальнее. Я бы провел пресс-конференцию на заводе в открытом цеху, или в открытом поле, с красивым бекстейджем. Картинка была бы — супер. Есть много факторов — время года, регион, где проходят выборы — влияющих на выбор локации. Надеюсь, вы меня поняли.

Что касается работы со стрессом, попробуйте такое упражнение — перед пресс-конференцией минут за десять попросите вас оставить наедине. Вам уже наложили грим, сделали укладку. И вы остаетесь наедине с собой. Закройте глаза и начните глубоко дышать. Вдох и выдох должен сопровождаться счетом до семи. Считаем до семи и при этом вдыхаем, затем выдыхаем, мысленно считая до семи. Попробуйте так подышать 3–4 минуты. Вы должны успокоиться и настроиться. Иногда я рекомендую слушать спокойную музыку. Список треков вы также можете получить у меня.

Что при этом представлять? Рекомендую представлять большое поле, которое вы проходите. Ветер дует вам навстречу, колыша пшеницу, вы уверенно идете и доходите до конца поля.

Все, что могли, вы уже сделали. Если вы что-то упустили в процессе подготовки, то нервы и суматоха вам не помогут.

Как говорится, важно уверенно говорить, даже если вы несете полную чушь. Уверенно, а не испуганно.

Попробуйте так сделать. Даже если вы опытный политик.

Дебаты

Важный момент политической жизни — когда вас приглашают на передачу или на радиопередачу, а также приглашают политика из другой политической силы В зависимости от ситуации вы — или при власти, или в оппозиции, или вы просто боретесь за один пост.

Я назову эту встречу дебатами. Это не всегда президентские дебаты или дебаты кандидатов на высший пост. В каждой стране есть свое законодательство, но уверен оно может поменяться, пока я готовлю материал для книги.

Вы должны быть готовы работать в паре (снова использую боксерские термины, хотя боксом не занимался). Причем невинные дебаты могут либо принести вам 1–2 процента, либо отнять 3–4. Помните, что цена проигрыша может быть слишком высокой.

Если вас пригласили на радио, обязательно поработайте над своим голосом и риторикой. Делайте паузы, ведь в аудиальном восприятии все намного сложнее чем в визуальном.

То, что я дальше напишу, вызовет странные чувства, но если вы и ваш штаб чувствуете, что не готовы выиграть дебаты, лучше на них не ходить вообще. Да, все будут это мусолить, мол, вы испугались и не пришли, и вообще вы просто трус. Но это один информационный повод, который легко перекрыть любой рабочей поездкой или встречей с учениками детского дома, где заявить, что вы вместо ненужных дебатов занимаетесь конкретными делами, или, например, в этот день устроить посадку деревьев в местном парке. Но ни в коем случае не прятаться. Информационный повод пусть вам придумают штабисты.

Прислушивайтесь, что вам говорят.

Что будет, если вы пойдете на дебаты и опозоритесь? Будет гораздо хуже, ведь, во-первых, у ваших оппонентов будет видео вашего позора, и они его растиражируют по всем новостным и Интернет каналам. Во-вторых, будет написано множество статьей, о том, как вы проиграли и недостойны должности.

Я часто замечаю горячих политиков, которых ловят «на слабо». Типа, вот такому политику, как …, слабо прийти и ответить на вопросы, он прячется за юбку своей жены. Обычно выбирают самый болезненный повод. И некоторые говорят: я сейчас пойду и дам ему по морде прямо в студии, как он смеет меня так оскорблять. Пережив очередной стресс, кандидат в порыве гнева рвется в эфир. К сожалению, цель оппонентов достигнута: вы раздражены и себя не контролируете. Очень опасная ситуация.

Но негоже настоящему политику постоянно бегать и прятаться за спинами детей, солдат и деревьев.

Необходимо все-таки выступить и на дебатах.

Начинается самое веселое — момент подготовки к дебатам. Некоторые политики к этому аспекту относятся очень серьезно. Другие ведут себя как начинающие артисты на сельской сцене, типа сейчас будет мегаимпровизация, и мы выиграем или проиграем. Как я говорил ранее, это — не казино. Тут необходима подготовка. А импровизировать будете на свадьбе сына или дочки своего друга. Ведь на свадьбу своих детей вы тост будете заучивать. Признайтесь.

Подготовка.

Физическая. Ночь перед дебатами очень важна. Поэтому вы просто обязаны выспаться. Вы должны быть уверены в себе, как полководец, который величественно восседает на коне перед армией. Обычно люди идут за лидером. А если лидер будет помятый и неуверенный в себе, за ним даже близкие друзья не пойдут. Обязательно хорошо позавтракайте. Желательно без кофе, и никаких шоколадок, винограда и семечек. Ваш голос должен быть идеальным. Ведь часть ваших потенциальных избирателей должны услышать вас с качественно новой позиции.

Перед выступлением необходимо еще раз пройтись по основным ответам на ключевые вопросы. Рекомендую ответы структурировать в 3 пунтка. При этом, отвечая, закладывать пальцы. Говорить нужно уверенно. Перед дебатами необходимо сделать разминку речевого аппарата Как именно? Выше уже были примеры нескольких упражнений. Я хочу, чтобы вы приложили усилия на пути получения знания и навыков: то, что дается легко, обычно не ценится. Так что жду писем.

Информационная

1. Это сбор информации об оппоненте, ведь в дебатах важно не то, как ты отвечаешь, это могут многие, а то, как ты задаешь вопросы. В самом вопросе вы должны вложить свою позицию, как можно больнее уколоть своего оппонента.

Этап подготовки — это 80% успеха любых дебатов. Необходимо собрать всю информацию и высказывания вашего оппонента. Настойчиво рекомендую искать ранние высказывания, лет 5–8 назад, либо 10–15, все зависит от длительности политической карьеры и опыта оппонента.

В боксе есть такая тактика — разозлить своего оппонента. В дебатах она тоже применима. Боксер в ринге начинает прыгать и бегать, может иногда даже рожи корчить. Его соперник видит подобное неуважение к себе и начинает заводиться. И становится ведомым. Начинает вкладывать всю силу в удары, и в итоге может за это сильно поплатиться: ведь его очень быстро измотают, а затем начнут добивать.

В подготовке важно посмотреть все предыдущие выступления своего оппонента.

Попытаться найти слабые стороны. Помните, что то же самое будут делать в другом лагере.

Важно. Если у вашего оппонента есть явные слабые вопросы, например, ездит на «Мерседесе», или имел проблемы с законом. Я бы не акцентировал на этом внимание. Потому что его научат, как отвечать на вопросы об этих слабых местах. И, говоря боксерским языком, ударите в блок, тем самым нанеся больше вреда себе.

2. Подготовка ответов. У вас должны быть подготовлены ответы на ключевые вопросы дебатов. Они или предоставляются заранее, или несложно догадаться, что это будет — коммунальные тарифы, пенсии, оборона, социальные вопросы (льготы), возможно, образование. А также — пара вопросов из собственной программы и биографии, которые могут стать актуальными в процессе избирательной компании.

Как я говорил ранее, у вас должна быть тема, в которой вы — профи. И еще один секрет. У вас их теперь будет два. Оппонент, увидев, что вы хорошо разбираетесь, например, в сельском хозяйстве, вряд ли вас будет спрашивать, что вы будете делать с селом. А вы ему — бац — и вторую мощную тему задвинете.

А в идеале нужно поверхностно разбираться во всех вопросах. Выучить пару законов с номерами. Обычно их цитирование производит на народ сильное впечатление.

Ну, например, а знаете ли вы закон номер 2034–6?

Оппонент может впасть в ступор. А вы ему — так вот, этот закон как раз решает вопрос, например, понижения налогового сбора на сельскохозяйственную технику. И дальше по тексту.

Ваш оппонент попытается ответить что-то типа «я законов не знаю» или «я не все законы знаю, но буду делать…», и начнет что-то обещать. Такой фразой он сам себя похоронит.

А даже если он это не скажет, то вы скажете, что он не знает базовых законов по вопросу сельского хозяйства.

На следующий день вашу цитату при правильной подаче смогут транслировать СМИ с шикарными заголовками: Петров не знает базовых законов и пытается выиграть выборы. (Фамилия вымышленная, а то есть один однофамилец, любитель путешествий и вина, который в суд может подать).

3. Тренировка политической перепалки:-). Странный термин, но все же. Вы должны отрабатывать сами дебаты. Вам должны задавать вопросы, а вы должны на них отвечать. Из моего опыта, политики, когда волнуются, начинают быстро отвечать. В итоге это напоминает скороговорку нервнобольного. Такого быть не должно. Делайте паузы. Это привлекает внимание и дает возможность слушателям подумать о ваших словах.

Старайтесь не перебивать, обычно за это очень сильно хватаются начинающие политики. Мол, я вас не перебивал. Это смотрится как в детском саду, а вообще-то это мой стул. Поэтому держите себя в рамках. Пример о 500 долларах я уже приводил.

4. Проанализируйте свои слабые стороны. Уберите руку от телефона и положите ее на сердце, признайтесь себе, какие у вас есть слабые стороны.

Они есть у всех. Буду приводит примеры. У одного политика была слабость, он любил материться. Ну просто страшно. И его речь напоминала речь портового грузчика. Он умудрялся пару раз в эфирах ляпнуть маты. Это, слава Богу, быстро замыли и изъяли материалы. Стоило немалых усилий. Вы спросите, как он боролся со своим недугом? Он дико любил театр. Ну вот такой странный товарищ. Пришлось ему учить роли некоторых любимых персонажей, смотрелось сильно. В начале 2–3 минуты мата, и потом он начинал читать текст. Иногда он кричал, что над ним издеваются. Но... Ему также нашли и подготовили тексты из фильма «Крепкий орешек», он любил Брюса Виллиса. Поначалу его тренировки напоминали фильмы в гоблинском переводе. Так потихоньку он отучивался от вредной привычки. Банка с деньгами, в которую надо бросать 100 долларов за мат, помогает только водителям и охранникам. На состоятельных это не действует.

Одной из слабостей, которые могут мешать ведению грамотных дебатов, может быть вспыльчивость, мол, не так ответил, и, поломав декорации, вы побежали бить морду, если вдруг вас реально зацепили. Помните, что у нас, да впрочем и везде в мире, любят обиженных. Так что — набили морду и проиграли. Такие случаи бывали.

Другие слабости могут быть связаны с комплексами и фобиями. Но с ними нужно просто грамотно работать. Если лишенные конечностей люди на протезах бегают быстрее средних атлетов, то ваше «боюсь сцены или микрофона» — не канает. Боритесь и поборете. Но — боритесь.

Еще бывает слабость лести: человек любит, когда ему льстят. Это опаснее, чем вспыльчивость. Ему говорят приятные слова, и он становится мягким. Теряет контроль, и его потом резко остужают, загоняя в дичайший стресс. Работает сильно. Любой оппонент думает, что вы будете его критиковать. А вы берете и начинаете ему льстить, причем говоря о действительно его хороших делах и поступках, только преувеличивая, тем самым отбирая у него по-тихому козыри.

Затем вы резко переходите на критику и смотрите на его реакцию.

Важно, чтобы вас так же не вели.

Найдите свои слабости и подготовьтесь, ведь вас 100% будут бить в слабые места, а потом уже во все остальные.

Неважно, что вы будете говорить, и как вы будете это делать, важно, чтобы вам поверили и за вас проголосовали. Но лучше все делать грамотно, с подготовкой, с отработкой. Чтобы простые дебаты не превратились в страшный позор, по дурацкой причине самоуверенности молодого или не очень политика.

Дебаты — это шахматы, где должна быть красивая игра и сильные взвешенные ходы.

Раздел 4.
Основы стресс-менеджмента

Сцена 3

Здание суда городского масштаба. Много прессы возле входа. Вспышки и журналисты, которые ведут прямые эфиры с места события. Сегодня проходит очень громкий процесс. На скамье подсудимых оказалась дама, которая вместе с подельниками украла из бюджета 150 млн у. е. Все ожидают, что она во время суда сообщит фамилии известных в городе чиновников, и тем самым посадит их рядом. Процесс громкий и скандальный. Все в напряжении.

Подсудимую должны доставить в суд в 13:00.

Следственный изолятор, в котором сидит женщина. Ее зовут Елена Анатольевна. Она подписывала фиктивные договоры, и ее взяли с поличным. Она — директор ООО «Финэкспресс». Старая отработанная схема дала сбой. Конкуренты ее партнеров нашли лазейку и сдали ее налоговой.

Через это предприятие отмывались сумасшедшие деньги из городского бюджета.

Коридор изолятора подозрительно тих. Эта тишина режет слух и является плохим сигналом. Слышно, как в конце коридора открывается дверь и входит мужчина. Это слышно по его тяжелым шагам «от пятки». Судя по звуку, это туфли, и, скорее всего, ручной работы, с деревянными каблуками.

Мужчина подходит к камере подсудимой, и дверь, как по мановению волшебной палочки, открывается.

— Здравствуйте, Елена Анатольевна, — *произносит он.*

— Здравствуй. Ты, наверное, тот самый Святослав, — *не поднимая головы, произносит она.* — Я так и знала, что они вызовут именно тебя. Ждала, когда тебя пришлют меня уговаривать.

— Можно, я присяду?

— Да, садись.

Он присаживается на стул рядом с камерной койкой, одной рукой расстегивая пуговицу на пиджаке. Он одет в синий костюм, хотя плохое освещение не дает возможности понять, синий он или черный. Черный вязаный галстук, запонки с цифрой 6. Черные носки с двумя белыми полосками.

— Как вам тут? Кормят? Не обижают? — *осмотрев камеру, спрашивает он.*

— Зачем эти дурацкие вопросы? Давай сразу к сути. Ты меня сейчас убьешь?

— Зачем же сразу «убьешь»? Вы знаете, что нужно моим заказчикам, и меня позвали помочь вам сделать правильные заявления. Взять всю вину на себя. Сказать, что вы действовали по собственному умыслу. Раскаиваетесь и больше так не будете, а ваши партнеры — законопослушные граждане и меценаты города.

— Ты совсем рехнулся? — *вскакивает она перед ним.*

Елена Анатольевна — женщина 50-ти лет. По ее лицу видно, что ей делали пару пластических операций, и она пытается утаить свой возраст. Ее глаза горят, но не от ненависти, а от испуга. Ее загнали в угол. Она слышала о Святославе. Он приходил к ее другу по бизнесу. Его успели спасти медики, и он переписал свое предприятие на нужных людей. Сейчас прикован к инвалидному креслу. У него отрезана правая рука. Говорил, что он пытался украсть часть денег, и его партнерам это не понравилось. Позвав Святослава, они вряд ли думали, что он с ним поступит как китайцы, отрубающие руки ворам. Картинка не для слабонервных.

— Я тебя не боюсь, и моих бывших тоже, сильно они, видимо, испугались, что тебя позвали спасать их шкуры. Сколько ты берешь? Твои туфли стоят 70 тысяч, не меньше, я права?

— Туфли стоят 63 тыс. евро. Елена Анатольевна, давайте мы решим наш вопрос и расстанемся на позитивной ноте. У нас мало времени. Нам нужно, чтобы вы все взяли на себя, вам дадут 10 лет. Через 3–4 года выйдете и заживете очень богатой жизнью. В тюрьме вас не будут трогать. Когда выйдете — получите 50 миллионов у. е. А здоровые родственники вас будут ждать на белом «Мерседесе» у выхода, и через полгода вы забудете, что это недоразумение было в вашей жизни.

— Молокосос, ты, наверное, совсем попутал берега? — *кричит Елена Анатольевна, и слюна брызжет на пол камеры.*

— Зачем вы так? — *удивленно говорит Святослав.* — Ваше поведение говорит только об одном: вас загнали в угол, и вам страшно. Я хочу вам помочь.

— Как? Посадив меня в тюрьму?

— Если вы назовете хоть одну фамилию, вам дадут за соучастие *три года. Хочу сделать акцент: три года под моим пристальным контролем,* — произнося это, Святослав встает и подходит очень близко к ней.

В его глазах виден холод, они напоминают глаза стеклянного человека.

От такого взгляда у Елены Анатольевны начинает трястись мизинец на левой руке.

— *Поверьте, три года — это большой срок. Ваша дочь Ольга и сын Геннадий могут не дождаться выхода. Несчастный случай, опасная сейчас жизнь. Каждый день по новостям страсти показывают. Кошмар.*

— *Ты, как всегда, шантажируешь детьми? Ублюдок. Я все расскажу в суде, и хочу увидеть лица моих старых друзей, когда на них наденут наручники. И твое лицо. Ведь ты не проигрываешь, а тут — такое громкое поражение.*

— *Елена Анатольевна, давайте не будем горячиться,* — говоря эти слова, Святослав садится обратно. — *Вы, кстати, станете бабушкой. Точнее, можете стать бабушкой.*

— *Ты что говоришь?*

— *У меня есть для вас приятный конверт,* — говоря эти слова, он достает конверт со своими инициалами, и свет камеры падает на две буквы — СВ.

Она разрывает конверт, в котором лежит фотография УЗИ. Она поднимает фото к свету и видит маленького человечка.

— *Откуда она у тебя?*

— *Елена Анатольевна, представьте себе семейный пикник в большом доме, вот, кстати фото дома,* — дает ей фото. — *Большая семья. Дочь, ее муж, сын и его девушка (зовут Елена, как и вас) и ваш внук, это мальчик. Вы все радуетесь и готовите шашлык, играет музыка. Потом все пьют за ваше здоровье и кушают ваш фирменный яблочный пирог.*

— *Сладко заливаешь — работка у тебя не сахар.*

— *Могу обрисовать другую картину. Вы называете фамилии и садитесь на три года. Через месяц я забираю у вас все. Дочь уходит на панель и садится на иглу, ребенок вряд ли родится. Сына, которому 15 лет, я пристрою в детский дом. На Колыме. Интернат, смертность в нем — 35 процентов. Вас я трогать не буду. Но не могу этого сказать о ваших сокамерницах. Вы выйдете нищей одинокой и больной женщиной с разбитой семьей. Ваши дети будут вас проклинать.*

Пока он говорит это, в мыслях Елены Анатольевны возникает страшная картинка слов Святослава.

— Сделайте мне одолжение, согласитесь. Я оставлю вам это фото, — он протягивает руку для рукопожатия. — Вы — человек слова. Пообещайте, что вы сделаете правильный шаг, и больше вы никогда меня не увидите. Поверьте, это много стоит. Но обычно очень жалеют, когда видят меня второй — и последний! — раз. Я никогда не прошу дважды, — говоря эти слова, Святослав внимательно смотрит в глаза Елены Анатольевны. — Вы — мудрая женщина, и можете сделать достойный поступок.

Она не протягивает руку в ответ. Он молча встает и выходит.

Она ложится и плачет, повернувшись к стенке. До суда остается два часа.

Через 30 минут в камеру входит офицер и дает ей трубку.

— Мамочка, это ты? — слышится голос Оли.

— Да, доченька, это я, с тобой все хорошо? К тебе приходил мужчина в костюме?

— Да, он был сегодня утром, он задушил нашего пса, когда тот начал на него лаять, он — как смерть, только в мужском обличии, страшный человек. Мама, мне страшно.

— Не бойся, доченька, все будет хорошо, мы переживем этот тяжелый период. Он что-то тебе говорил или давал?

— Он мне дал конверт, в котором лежало фото нового большого дома — красивый дом, и сказал, что мы там сможем жить и переедем туда уже завтра.

Елена Анатольевна понимала, что если она назовет фамилии, то ее детей убьют в тот же день, а ее саму придушат в камере через пару месяцев, чтобы она как следует помучилась.

— Доченька, все будет хорошо. Мама скоро выйдет. Это недоразумение. Мы снова будем вместе, — по ее щекам текут слезы. — Я буду бабушкой?

— А откуда ты знаешь? Мы думали сделать тебе сюрприз, у нас будет мальчик. Хотим назвать Святославом.

Лицо Елены застывает, и слезы останавливаются.

— Только не Святослав, хорошо?

— Ну мама?

— Нет, я сказала! — отрезает Елена Анатольевна. Офицер забирает телефон и закрывает камеру.

До суда остается час.

Елена Анатольевна сделала все так, как надо. Она не назвала никаких фамилий.

Заказчики остались довольны.

У нее родился внук, а через месяц ее убили сокамерницы. Ведь она снова начала заявлять, что была не одна, и готова назвать фамилии сообщников. Но Святослав никогда не давал второго шанса. Эта ситуация не стала исключением. Она просто хотела увидеть свою семью и внука. Рядом с телом нашли конверт и письмо с текстом: «Мы — кузнецы своего счастья. Жаль. Св. ».

Один из ее подельников и фигурантов дела стал мэром этого города. Камера показывает большой красивый дом, который пуст.

Чем искушеннее сама игра, тем искушенее соперник.
Фильм «Револьвер»

Основы стресс-менеджмента: три уровня управления стрессом

Давайте теперь рассмотрим основные уровни управления стрессом. Для этого представим себе «дерево стресса». Как и всякое дерево, оно имеет корни, ствол и крону. Это — очень вредное дерево. Его листья — симптомы стресса, а плоды — болезни, к которым приводит стресс.

Быстрые, но очень нестойкие результаты при стрессе дает снятие симптомов стресса — так называемая симптоматическая помощь. Если ствол дерева и его корневая система не затрагиваются, то на месте одного сорванного листа вскоре появляется другой, и все нужно начинать заново.

Ствол дерева стресса — это психологическое и физиологическое напряжение. Ствол дерева вырастает из корней, на нем держится крона. Точно так же напряжение формируется причинами стресса, и служит основой для разнообразных симптомов стресса. Напряжение — главный механизм развития всех симптомов стресса.

Существует множество способов борьбы с напряжением, наиболее эффективным из которых является релаксационный тренинг по методу Эдмунда Джейкобсона. Такой тренинг представляет собой одну из методик поведенческой психотерапии, и успешно используется во всем мире вот уже более 80 лет.

Корни нашего дерева — это причины стресса, или стрессоры. Стрессор — это любой фактор, вызывающий напряжение. Стрессоры делятся на две группы: физиологические и психологические.

Слишком высокая или слишком низкая температура, резкое изменение атмосферного давления, геомагнитная буря, вирус гриппа, недостаток кислорода и другие подобные факторы воздействуют на организм, даже если мы этого не осознаем. А, так как они нарушают существующее в организме равновесие, возникает стресс, необходимый для адаптации к изменениям. Это все — о физиологических стрессорах.

Однако подавляющее большинство причин стресса относится к психической сфере. Каждый раз, когда мы осознаем, что имеем не то, что хочется, каждый раз, когда мы расцениваем какую-либо ситуацию как угрожающую нашему благополучию или самооценке, мы подсознательно запускаем в своем организме стрессовую реакцию.

Психологический стрессор всегда состоит из двух частей: ситуации, вызывающей стресс и нашего отношения к этой ситуации. Устранив любую из этих составляющих, мы прекращаем действие причины стресса.

Лучше всего, если это возможно, избавиться от ситуации, вызывающей стресс. Но, к сожалению, чаще всего это далеко не так просто. В таких случаях наилучший способ избавиться от стресса — изменить свое отношение к проблеме. Очень хорошо для этого работают рационально-эмотивной, или когнитивной, психотерапии.

Итак, существует три основных уровня управления стрессом: нейтрализация симптомов, уменьшение напряжения, устранение причин. Первый уровень — самый легкий и быстрый, но дает наименее стабильные результаты, третий — наиболее трудоемкий, но зато и самый надежный.

Подготовка к стрессовым событиям

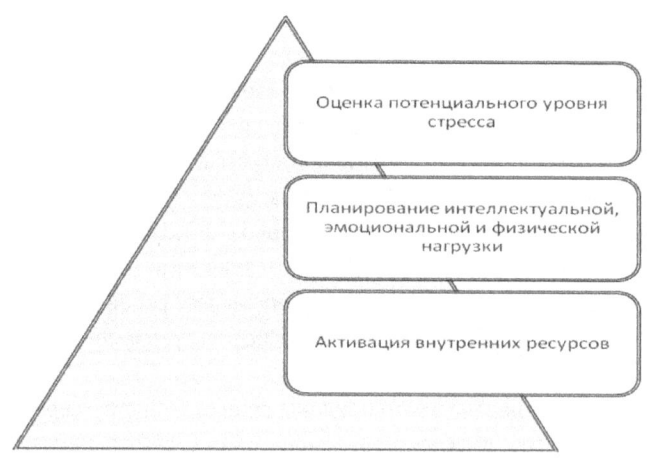

Планирование интеллектуальной, эмоциональной и физической нагрузки

Если вам предстоят значительные **интеллектуальные нагрузки**...

- Запланируйте полноценный отдых перед тем, как взяться за выполнение работы, связанной со значительными интеллектуальными нагрузками.
- Планируйте свое время так, чтобы иметь возможность не реже чем каждые два часа отдохнуть, ненадолго переключиться на выполнение деятельности, не требующей интеллектуального включения.
- Не планируйте выполнение нескольких задач, связанных с высокими интеллектуальными нагрузками, на один и тот же день.
- Учитывайте необходимость периодически откладывать задачу, чтобы затем посмотреть на нее «свежим» взглядом.
- Планируйте время со значительным запасом.
- На период подобных нагрузок постарайтесь отказаться от отдыха, связанного с интеллектуальной и познавательной деятельностью, поскольку в таком случае он может помешать организму полностью восстановиться.

Если вам предстоят значительные **эмоциональные нагрузки**...

- Заранее проанализируйте, какие из будущих ситуаций будут для вас наиболее сложными, и постарайтесь спланировать работу так, чтобы впоследствии иметь возможность отвлечься на интересные вам задачи.
- Спланируйте работу таким образом, чтобы минимизировать взаимодействие с теми коллегами, общение с которыми может стать для вас дополнительным источником сильных эмоций.
- Продумайте, в каких ситуациях можно избежать высокой эмоциональной нагрузки.
- Обеспечьте себе дополнительную эмоциональную поддержку со стороны руководителя, коллег, друзей или близких.
- Если в период высокой эмоциональной нагрузки вы испытываете большое количество негатива, организуйте свой отдых таким образом, чтобы иметь возможность «выплеснуть» его (например, с помощью занятий спортом, физических нагрузок, танцев).
- Если ваша работа связанна с большим количеством эмоционально заряженных ситуаций, или негативно настроенными людьми, отдавайте предпочтение отдыху, который поможет восстановить позитивный настрой (например, с помощью творческих занятий или общения с интересными людьми).

Если вам предстоят значительные **физические нагрузки**...

Планируйте задачи равномерно, избегайте ситуаций, когда в первую половину дня вы «выкладываетесь на полную», а во вторую ощущаете сильную усталость.

При планировании работы учитывайте, что физическая усталость имеет свойство накапливаться.

Не планируйте длительное выполнение монотонной механической работы.

Отдавайте предпочтение спокойному отдыху — например, чтению книг или просмотру фильмов.

Активация внутренних ресурсов

Внутренние ресурсы личности — это такие черты и отличительные характеристики человека, при активации которых в ситуации стресса открывается «второе дыхание», то есть появляются дополнительные источники энергии для решения неприятных и болезненных вопросов

Как правило, внутренние ресурсы «включаются» во время воздействия стрессовой ситуации, однако **их заблаговременная активация** может значительно снизить вероятность возникновения стресса, или вообще свести его на «нет».

Возможные внутренние ресурсы личности:
- самоуважение;
- оценка себя, как человека, способного справиться с любыми трудностями (вспомните, к примеру, Иванушку из фильма «Чародеи»: «Плевать я хотел на все препятствия!»);
- собственные интересы;
- наиболее сильные черты характера;
- оптимизм и мышление в позитивных категориях;
- самоконтроль;
- система персональных убеждений.

Избегание стрессов

Оптимизация информационного потока

Ограничьте поток информации, которая не соответствует ваши потребностям и требованиям...

- Откажитесь от ежедневного чтения газет. Покупайте газеты только тогда, когда у вас есть необходимость отвлечься. Если вы читаете в транспорте, отдавайте предпочтение книгам

- Не смотрите больше одного выпуска новостей в день. Выберите программу новостей лучше той, которую вы смотрите сейчас, и которая будет больше подходить вам и по содержанию, и по манере подачи информации

- Хотя бы на один день в неделю откажитесь от телевизионных новостей

- Замените телевизионные новости другими, например, сводкой в Интернете

- Несколько раз в год устраивайте "каникулы без новостей" сроком от недели до месяца

Как создать позитивный внутренний настрой

- Внимательно и с интересом в течение длительного времени наблюдайте за окружающими вас людьми, не давая им никакой оценки. Просто пытайтесь их понять.
- Осознайте, что любое суждение о человеке основано лишь на прежних мимолетных неглубоких впечатлениях о нем.
- Поймите, что спонтанные мнения о человеке чаще всего объяснимы воспоминаниями и опытом общения с подобными людьми, и поэтому не являются достоверными.
- В любом человеке всегда стремитесь обнаружить достоинства и способности.
- Препятствия и критические замечания воспринимайте, как возможность расширить и углубить свои профессиональные знания и жизненный опыт. Рассматривайте жизненные трудности как благоприятные возможности.
- Каждое утро после пробуждения настраивайте себя на замечательный новый день. Процедуру самопрограммирования повторяйте в течение дня столько раз, сколько вам потребуется.

- Не забывайте напоминать себе, что вы справитесь с задачей гораздо быстрее, если будете в состоянии душевного равновесия, а если будете раздражены или расстроены — «проковыряетесь» гораздо дольше.
- Помните, что стресс не приходит извне, а является вашей эмоциональной внутренней реакцией на внешнее раздражение.
- Подавайте окружающим пример конструктивного и доброжелательного взаимодействия, заражайте их своим позитивным настроением.
- В неприятных для вас ситуациях сосредотачивайте внимание не на отрицательных эмоциях, а внимательно наблюдайте за собеседником и слушайте его, чтобы выяснить, какие особенности его поведения так повлияли на вас.
- Всегда мысленно формируйте заключительный образ цели и идеальное состояние дел к моменту ее достижения, и стремитесь к этому образу.
- Проявляйте гибкость в действиях, разрабатывая альтернативные линии поведения, пока не добьетесь цели.
- Помните, что ваш внутренний настрой подсознательно влияет на ваше поведение, и в сотнях невербальных сигналов вы с предельной откровенностью сообщаете о нем окружающим.
- Проявляя внимание к людям, вы сохраняете и свое, и их здоровье, добиваетесь их расположения к себе и, в конечном счете, способствуете достижению успешных результатов.

Замкнутый круг позитивного настроя

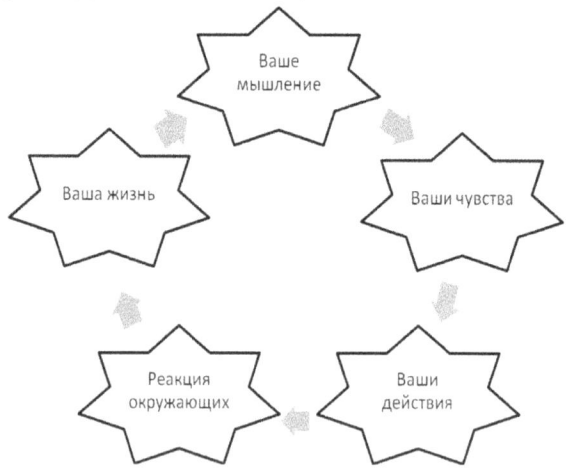

Способы повышения стрессоустойчивости

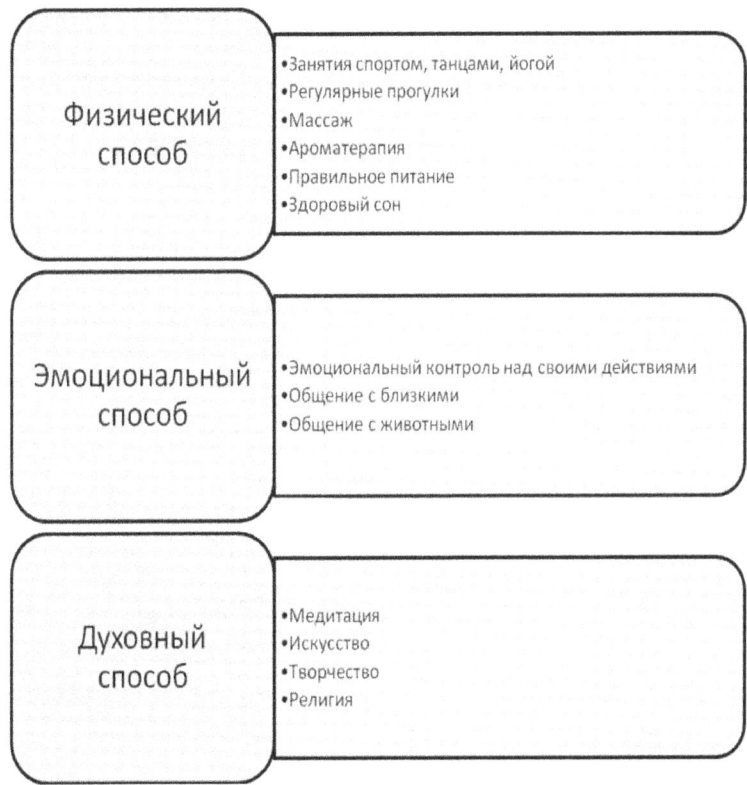

Здоровый образ жизни как основа стрессоустойчивости

Правильное Питание	• Питайтесь разнообразно • Пейте много жидкости • Отдавайте предпочтение овощам и фруктам, нежирному мясу, рыбе и морепродуктам, продуктам из муки грубого помола • Принимайте витаминные и минеральные добавки
Здоровый сон	• Отводите на сон не меньше 7 часов в сутки (в периоды стрессов и переутомлений это время должно быть на 2-3 часа больше)

	• Перед сном не менее 20 минут уделяйте интересным и расслабляющим занятиям, чтобы позволить себе отвлечься от накопившихся за день проблем
Здоровые привычки	• Возьмите за правило ежедневно бывать на свежем воздухе • Откажитесь от курения и чрезмерного потребления кофе • В течение рабочего дня устраивайте 2-3-минутные перерывы на разминки и разогрев мышц • Уделяйте занятиям спортом не меньше 2 часов в неделю
Сбалансированный отдых	• Еженедельно, хотя бы на один день, полностью отключайтесь от работы и проблемных ситуаций • Не реже одного раза в два месяца посвящайте 2-3 полных дня собственным увлечениям и общению с близкими
Сбалансированный отпуск	• Ежегодно берите одно-, двух- или трехнедельный отпуск для полноценного отдыха • Не стремитесь во время отпуска сделать все накопившиеся за год дела, уделите внимание одному-двум наиболее значимым • При выборе отдыха принимайте решение на основе своих желаний и потребностей, а не навязанных кем-либо условий

Изменение отношения к ситуации
Техника переформулирования проблемы

Известная мудрость гласит: «Боже, даруй мне смирение принять то, что я не могу изменить, мужество изменить то, что могу, и мудрость, чтобы отличить одного от другого». Если мы не можем изменить ситуацию, мы можем изменить свое отношение к ней. В лучшем случае, это поможет взглянуть на проблему с другого угла и найти неожиданное решение. В худшем случае, даже если решить проблему не удастся, такая техника позволит сберечь душевное равновесие и сохранить нервную систему в порядке для будущих свершений.

Чтобы расширить «картину» ситуации и собственное видение проблемы, можно задать себе следующие вопросы:

Если бы эта ситуация была смешной, то над чем бы я посмеялся?

Как бы я решил эту проблему, если бы я был на двадцать лет старше? А на двадцать лет моложе?

Что бы я сделал, подумал, сказал по-другому, если бы столкнулся с противоположной проблемой?

Как прежнее решение «работало» в прошлом? Почему сейчас такое решение превратилось в проблему?

Что произошло бы, если бы эта ситуация была прямо противоположна тому, чем она мне представляется?

Как бы эта ситуация выглядела с точки зрения другого человека?

Частью какой более крупной проблемы она является?

Чего на самом деле хочет человек или организация, создавшая эту проблему?

Эта проблема является системой? Если так, то как мне ее обойти?

Какие эмоции, испытываемые или блокируемые мной, заставляют меня реагировать по привычке или по устаревшей программе поведения, вместо того, чтобы действовать свежо и творчески?

Техника осмысления проблемной ситуации

1. **Поговорите с доверенным лицом о случившемся**. Дайте себе возможность выговориться, и в корректной форме выскажите все, что вы видите, слышите, чувствуете и думаете по поводу кризисной ситуации.

2. **Придумайте или вспомните ситуации,** которые представляли бы большую проблему, меньшую проблему, а также проблему того же масштаба, что и кризисная ситуация.

3. **Переосмыслите кризисную ситуацию** как нечто положительное. В ситуации, когда рациональных положительных аргументов придумать не удается, попробуйте посмотреть на случившееся с чувством юмора и найти хотя бы один смешной аспект.

4. Не вините себя в произошедшем, вместо этого **сконцентрируйтесь на том, как можно исправить ситуацию.**

5. Еще раз проанализируйте ситуацию на предмет того, каким образом различные ваши действия могли бы отразиться на вариантах развития ситуации. **Подумайте, какие правила и установки помешали вам выполнить эти действия.** Выделите их, как фиксированные идеи или ограничивающие убеждения, и переосмыслите.

6. **Определите, чему на основе кризисной ситуации можно научиться**, и какой положительной цели это служит в вашей жизни. Подумайте, что жизнь хочет сказать лично вам этой кризисной ситуацией.

Говоря о **методах управления стрессом**, полезно думать о позитивных моментах, которые можно извлечь из большинства стрессовых ситуаций. Когда человеку удается реализовать эту способность на практике, он преодолевает самое большое препятствие на пути к обретению устойчивости к стрессу. Умение преобразовывать негатив в позитив — своего рода кульминация методов управления стрессом. Научившись контролировать неприятные ситуации, в которые неожиданно попадаем, мы превращаем их в волнующий и ценный жизненный опыт, автоматически считая, что именно они позволяют нам демонстрировать свои лучшие качества, делают нашу жизнь более результативной и полноценной.

Отслеживание психологических защитных механизмов

Психологическая защита — совокупность бессознательных приемов, направляющих мышление и действия человека так, чтобы нейтрализовать или вытеснить из сознания отрицательные эмоции, связанные с особо острыми стрессовыми ситуациями.

Виды психологической защиты как реакции на стрессовую ситуацию

- **Вытеснение**: мысли, образы или воспоминания, вызывающие страх, вытесняются в бессознательное. Например, человек забывает о необходимости выполнить важную задачу, которая, тем не менее, для него связанна с сильным стрессом.
- **Идентификация**: решение конфликта происходит посредством принятия ценностей, мировоззрений и т. д. какого-то другого человека.

Например, попадая в ситуацию подобного противоречия, сотрудник неосознанно принимает точку зрения своего оппонента, чтобы таким образом снизить напряжение ситуации.

- **Отрицание**: потенциально травматическая реальность не воспринимается как таковая. Например, сотрудник отказывается верить, что события могут развиваться по неблагоприятному сценарию.
- **Проекция**: желания или чувства, вызывающие стресс, приписываются другим. Например, сотрудник, испытывающий стресс в ситуациях, связанных с общением с руководством, может считать, что такое поведение характерно и для его коллег.
- **Рационализация**: для проблем, связанных со стрессом, ищется разумное объяснение, чтобы избавить их от угрожающего содержания. Например, сотрудник упорно пытается найти какое-либо логическое объяснение возникшей стрессовой ситуации, связанной с совершенно случайным стечением обстоятельств.
- **Реактивное образование**: неприемлемые, угрожающие импульсы нейтрализуются, трансформируясь в свою противоположность. Например, не имея возможности высказать свое недовольство и негативные эмоции, связанные с невнимательностью коллеги, сотрудник начинает чрезмерно его опекать.
- **Регрессия**: возврат к более простым формам поведения. Например, испытав несколько раз неудачу в ситуации отработки новых навыков, сотрудник может автоматически вернуться к старому способу действий.
- **Сублимация**: приемлемая для данной культуры трансформация энергии в общепринятую сферу, где они могли бы раскрыться. Например, не имея возможности справиться со стрессом, вызванным конфликтами в семье, сотрудник может с головой уйти в работу.

Отслеживание собственных защитных механизмов позволяет вовремя идентифицировать собственные непродуктивные действия и справиться со стрессовой ситуацией с наименьшими затратами.

Основоположник учения о стрессе Ганс Селье говорил, что стресс не случается только с мертвыми. Пока мы живем, к чему-то стремимся, чего-то достигаем, — мы будем испытывать стресс. Стресс как естественное природное явление — это реакция активного действия. В современном цивилизованном мире эта реакция трансформировалась в состояние затяжного, истощающего жизненный ресурс переживания. Суть управления стрессом состоит в возвращении ему первоначального значения и в использовании мобилизуемой стрессом энергии в интересах целесообразного и эффективного действия.

Фобия — это всегда страх, но не всякий страх является фобией
Чем же отличаются страх и фобия?

Страх является нормальной и естественной частью жизни любого человека. Я уже говорил, что человек рождается бесстрашным: совсем маленький ребенок не боится потрогать огонь, упасть с высоты, пройтись по крапиве… Вместе с жизненным опытом приобретаются и страхи. В основном — полезные страхи. Именно чувство страха помогает уйти от опасных для человека ситуаций или даже предотвратить попадание в них. И этот нормальный, здоровый страх не является чрезмерным. Таким страхом можно управлять с помощью разума и логики. Фобии же отличаются от нормального страха тем, что их очень сложно (или вообще невозможно) контролировать.

Страх — это явление всегда приобретенное, «выученное». Причем «научиться» бояться можно практически любого объекта, без преувеличения, — всего, чего угодно. Можно бояться несущегося на большой скорости автомобиля, извергающейся вулканической лавы, вышедшей из берегов реки. А можно испытывать страх перед числом тринадцать, четными или нечетными числами, перебежавшей дорогу кошкой, женщиной с пустыми ведрами… Причем сила страха и его продолжительность в любой из этих ситуаций может быть разной.

ШЕСТЬ ПРАВИЛ ВЫРАБОТКИ СТРЕССОУСТОЙЧИВОСТИ

Первое и самое главное правило — *высыпаться и отдыхать.* Например, при покупке в магазине нового телефона или электронной книги консультант вам говорит, что нужно несколько раз полностью разрядить и полностью зарядить батарею для наибольшей эффективности работы прибора.

Так и ваш организм нуждается в подзарядке, и поэтому нельзя пренебрегать этим моментом. Его нужно каждый день полностью заряжать, чтобы ваша эффективность была выше.

Второе правило — *дайте выход своим эмоциям!* Держать в себе нахлынувшие чувства, будь то радость или раздражение, никак нельзя. Вы можете поделиться радостью с родными или друзьями. Но это не значит, что и весь свой гнев можно вымещать на ближних.

Старый дедовский способ выплеснуть отрицательную энергию — выйти в лес или в другое место, где вас никто не услышит, и закричать во все горло. Или же можно «попинать» подушку. Очень помогает!

Третье правило — *негатив в сторону, позитив — в студию!* В любой ситуации старайтесь извлекать пользу для себя, а отрицательные мысли гоните прочь. Если вы будете соблюдать это правило, то перестанете раздражаться по пустякам.

Четвертое правило — *займитесь спортом, музыкой или танцами*. В общем, делайте то, что вам нравится, получайте как можно больше положительных эмоций.

Пятое правило — *не дайте обстоятельствам загнать вас в тупик*. Постарайтесь в любой ситуации сохранять холодность разума. Проанализируйте проблему, найдите причины ее возникновения, и тогда можно будет быстро принять правильное решение.

Шестое правило — *разбивайте проблему на несколько составных частей*. Это правило является продолжением предыдущего. Его необходимо выполнять, чтобы четко понять всю суть сложившейся ситуации и наиболее подробно ее проанализировать.

13 симптомов профессионального выгорания
В адаптированном переводе они выглядят так:
1. Хроническая усталость, истощение
2. Повышенная раздражительность
3. Усиленная самокритика
4. Цинизм
5. Частые головные боли
6. Нарушения функции пищеварительной системы
7. Уменьшение или увеличение веса
8. Бессонница
9. Депрессия
10. Чувство нехватки воздуха
11. Чрезмерная подозрительность
12. Чувство беспомощности
13. Принятие рискованных решений

Неудивительно, что многие симптомы «повторяют» симптомы стресса. Выгорание и стресс — «близнецы-братья».

Можно использовать этот список как скрининг-тест для предварительной диагностики эмоционального/профессионального выгорания.

Если у Вас присутствует более двух-трех симптомов из этого списка — есть смысл обратиться к психологу или психотерапевту.

Стратегии стресс-менеджмента
Существует три основных стратегии стресс-менеджмента:

1. Уход от проблемы.
2. Изменение проблемы.
3. Изменение отношения к проблеме.

Попробуем на простом примере разобраться, чем они отличаются друг от друга.

Представьте себе следующую ситуацию. Вы пришли в кинотеатр и настроились на просмотр интересного фильма. Фильм уже начался, но вам попался слишком ворчливый и неспокойный сосед по креслу. Он вполголоса постоянно что-то сам себе рассказывает и иногда отпускает в ваш адрес замечания, которые вам определенно неприятны. Вы начинаете чувствовать нарастающее раздражение. Ворчание соседа начинает вызывать у вас стресс. Что вы можете сделать в этой ситуации?

Самый простой вариант — уход из стрессогенной ситуации. Если кинотеатр полупустой, свободных мест много, можете пересесть на другое место, где посторонние звуки не будут слышны, а ваш бывший сосед пусть ворчит себе в свое удовольствие в полном одиночестве.

Но что делать, если уйти от проблемы невозможно? Если свободных мест в кинотеатре нет, или ваш сосед увидел в вас благодарного слушателя и повсюду следует за вами? Остается еще две стратегии: изменение проблемы и изменение отношения.

Вы можете попытаться изменить поведение соседа, обратившись к нему с просьбой вести себя потише. Если это не поможет — можно предупредить его, что вы вызовете контролера, если он будет продолжать разговаривать, и т. д. Цель перечисленных действий — изменить проблему (в данном случае — поведение соседа).

Если же и это не помогло (сосед никак не реагирует на просьбы и предупреждения, контролера найти не удалось), вы можете изменить свое отношение к проблеме. В конце концов, громкость голоса ворчащего соседа не так уж и высока по сравнению с уровнем звука в современном кинотеатре. А если еще и фильм действительно интересен — можно сосредоточиться на происходящем на экране и совершенно «забыть» о назойливом соседе.

Стратегии управления стрессом не случайно перечислены именно в такой последовательности: уход, изменение проблемы, изменение отношения.

Уход из стрессогенных обстоятельств — самый быстрый и простой вариант. Если у человека наблюдается повышенная тревожность, и при этом он пьет много кофе и много курит (а кофеин и никотин повышают тревожность) — наиболее логичным будет уменьшить употребление кофе и, по возможности, отказаться от курения.

Стратегия ухода от проблемы хороша еще и тем, что здесь нет необходимости в психологической помощи. Все зависит от решения самого человека. Но, к сожалению, далеко ситуации. Есть проблемы, от которых невозможно уйти (например, связанные с характером, с установками, отношением к чему-либо и т. д.). В таких случаях наиболее адекватными будут стратегии изменения проблемы или изменения отношения к проблеме.

Конечно же, лучше вначале попытаться изменить проблему. Например, если имеется повышенная социальная тревожность и затруднения при выступлении перед аудиторией, наиболее уместным решением будет тренинг уверенности или курсы ораторского мастерства, которые помогут научиться спокойно и уверенно общаться со слушателями.

Если же проблема относится к категории неизменяемых, и мы ничего не можем с ней поделать — ни уйти от нее, ни изменить ее невозможно, есть третья стратегия — изменения отношения. Некоторые люди могут спокойно спать под раскаты грома, но не могут уснуть, если с улицы доносится мяуканье кошки? Что громче? Конечно, звуки грозы! Тогда почему такая реакция? Все дело в отношении: на поведение кошки мы можем повлиять (прикрикнуть и т. д.), а с грозой ничего не поделаешь: это стихийное бедствие, и злиться на него бесполезно, все равно ничего не изменится.

При выборе второй или третьей стратегии очень полезной может оказаться помощь психолога или психотерапевта. Существуют десятки различных методов когнитивно-поведенческой психотерапии, которые позволяют быстро и успешно справиться со стрессом.

Темп жизни как причина стресса

«И откуда только эта напасть взялась на мою голову?» — подобные вопросы задает практически каждый человек с паническими атаками, генерализованным тревожным расстройством, фобиями и другими расстройствами и проблемами, связанными со стрессом. Нужно не забывать, что современная жизнь полна колоссальных информационных перегрузок и непрерывных изменений, которые сами по себе способны сформировать достаточно высокий уровень стресса.

«Люди ощущают, что очень много случается сразу, что они делают очень многое в одно и то же время, что им никогда не хватает времени, что они постоянно борются, чтобы не отстать от требований современной жизни... Едва успевая переводить дух, мы мчимся с одного делового совещания на другое, переключаемся с одного вида деятельности на другой. Сделки и контакты происходят во всем мире в непрерывном темпе — днем ли, ночью ли, спим ли мы или бодрствуем. Предприниматели образуют союзы, международные границы все больше размываются, а индустриальные, финансовые, коммерческие системы — все сильнее интегрируются в глобальном масштабе. Дома — то же самое: мы выполняем множество действий одновременно. Мы готовим еду и одновременно смотрим телевизор, проверяем, спят ли дети в спальне, и развлекаем друзей в гостиной, мы работаем, одновременно слушая музыку… Технология дает нам возможность выполнять все эти действия одновременно (многозадачный режим). Может показаться, что уже не естественные, человеческие ритмы определяют темп, с которым события следуют друг за другом, а ускоряющийся искусственный ритм техники».

Это было опубликовано почти двадцать лет назад. Сегодня мы живем еще быстрее. Значит, уровень стресса — еще выше.

Многие бизнесмены, грамотно организовав свой бизнес, делегировали полномочия своим менеджерам и, получив свободный график, занялись политикой. К моему большому сожалению, структура работы в бизнесе и структура работы в политике очень сильно отличаются. Зачастую успешные бизнесмены не могут выстроить свою политическую деятельность, и, разочаровавшись в этом, уходят обратно в бизнес.

А вот для некоторых политиков, особенно районного масштаба, сумасшедший ритм — вполне нормальное состояние. Особенно для чиновников родом из Советского Союза. Тогда так было принято. И понятия стрессе тогда не было: либо болен — тогда в больницу, либо иди на работу. А то, что его могут вынести из приемной на ковре вперед ногами, это никого не волновало. О военных я промолчу, а то ведь могут в армию отправить после прочтения этих строк:-).

Недостаток времени и стресс

Недостаток времени является одной из наиболее частых причин стресса. И это неудивительно: высокие требования к работе, ускоренный темп жизни, растущая конкуренция, перемены, множество дел — далеко не полный перечень факторов, которые вносят свой вклад в создание дефицита времени.

Недостаток времени вызывает стресс. В свою очередь, стресс может усиливать дефицит времени, поскольку на фоне стресса мы начинаем нерационально тратить свои часы и минуты. Дело здесь не только в срывах, загулах или депрессии. Стресс сопровождается сильными эмоциями, а эмоции вызывают сужение сознания, лишают возможности продуктивно мыслить и принимать правильные решения. Это касается всех сторон жизни, в том числе и организации своего времени.

Как разомкнуть этот порочный круг? Ответ напрашивается сам собой: нужно или снизить уровень стресса, или увеличить количество времени.

О методах управления стрессом много написано в литературе. А вот что делать с увеличением количества времени? Ведь в сутках — всего 24 часа! Тем не менее, это возможно! Конечно, физического времени больше не станет. Но вы можете увеличить количество личного времени, успевать больше, меньше перенапрягаться и уставать, и в целом, как это модно сейчас говорить,— «повысить качество своей жизни».

Современные технологии тайм-менеджмента (управления временем) позволяют этого достичь.

Мне кажется, в этом вопросе очень помогает помощник. Хотя я знаю людей, которые постоянно опаздывают на 30 минут, имея в прямом и переносном смысле двоих помощниц. Если вы не организуете свое время, его никто не сможет организовать. Это — как сходить на тренинг по тайм-менеджменту, а потом выкинуть часы и продолжать опаздывать.

Все зависит от самоорганизации. Причем, чем выше должность, тем выше должна быть самоорганизация, а не наоборот.

Перфекционизм как причина стресса

Слово «перфекционизм» происходит от латинского «perfectio» (совершенство), и в современной психологии обозначает чрезмерное стремление человека к совершенству в действиях, делах, поведении. Перфекционисты (люди, которым свойственен перфекционизм) часто страдают от чрезмерного стресса. Почему так происходит? Дело в том, что любое осознаваемое несовпадение между ожиданиями и реальностью вызывает стресс. И чем больше разрыв между ожидаемым и действительным, тем сильнее стресс. А у перфекционистов таких несовпадений много.

Перфекционисты, как правило, предъявляют очень высокие требования к себе и другим; сильно огорчаются, когда не достигают своих целей; обвиняют себя в неудаче, даже если повлиять на результат было невозможно; ставят перед собой практически недостижимые цели; почти никогда не бывают довольны результатами своей работы; откладывают важные дела на длительное время, ожидая идеальных условий для их исполнения.

Создавая стресс, перфекционизм не только не помогает двигаться к совершенству, но и, наоборот, препятствует прогрессу. Ведь эмоции, возникающие при стрессе, в той или иной степени блокируют мышление. А можно ли достичь успеха в любой области деятельности, если рассудок неспособен полноценно выполнять свою работу?

По сути, перфекционизм — это определенный стиль мышления, «мысленные привычки». Среди стрессогенных мыслей перфекциониста нередко доминируют установки обязанности, которые могут быть обращены к себе («я должен/должна»), к другим людям («они должны»), к ситуациям и миру в целом («мир должен»). Перфекционизм связан с иррациональным убеждением в том, что существуют некие универсальные долженствования, которые должны реализовываться всегда — независимо от того, что происходит в окружающем мире.

Чтобы избавиться от перфекционизма, нужно изменить убеждения, на которых он базируется. Когнитивная психотерапия предлагает целый спектр методов решения подобных задач. Один из простых, но весьма результативных приемов — заменить долженствование («должен») на пожелание («хотелось бы»). Такое изменение мышления приводит к положительным изменениям — сначала в эмоциональном состоянии, а затем и в жизни в целом.

В политике и в бизнесе часто встречаю перфекционистов. Не могу сказать, что их слишком много. Но мне доводилось встречаться с такими людьми. Очень сочувствую их подчиненным и семьям. Анекдот о том, что встал ночью попить воды, вернулся — а кровать застелена, как раз о них.

Они сами себя и свое окружение загоняют в стресс и депрессию. Нередко их требования доходят до абсурда. И они об этом знают, но тяжело что-то с собой поделать. Либо все должно быть идеально, либо я в депрессии. К моему большому сожалению, таким политикам приходится очень сложно. Кулуарная жизнь и временные взаимовыгодные союзы — не их игра. Больше всего вреда эти люди наносят себе.

Хотя при правильной работе с такими политиками ими можно легко управлять. Когда знаешь слабости человека, несложно ими пользоваться. Только никому этого не говорите:-).

Не экономьте на сне!

Известно, что недостаток сна ослабляет гибкость ума, ухудшает память, нарушает концентрацию внимания, вредит здоровью и понижает стрессоустойчивость.

Многие из нас пытаются на выходных «наверстать» упущенное в течение рабочей недели. Однако, как установили недавно исследователи из Северо-западного университета США (штат Иллинойс), отоспаться в выходные за всю неделю невозможно.

После одной полубессонной ночи организм старается компенсировать недостаток сна, и сон в следующую ночь, как правило, — более долгий и глубокий. Однако, если время на сон урезается в течение нескольких ночей подряд, то этот механизм начинает давать сбои. Недосыпание становится привычным, человек перестает замечать недостаток сна, и дефицит сна накапливается.

Возможно ли с этим справиться? Гарвардские ученые утверждают, что да. В экспериментах с участием добровольцев (здоровых мужчин и женщин в возрасте 21–38 лет) исследователи вначале искусственно создавали дефицит сна (шесть или четыре часа сна в сутки, три бессонных ночи подряд), а затем искали способы его устранения. Одной ночи, действительно, оказалось мало. А вот несколько ночей достаточного по продолжительности сна, как оказалось, позволяют полностью устранить последствия многодневного недосыпания.

Если вы не высыпались в течение недели (например, спали по шесть часов в сутки вместо восемь), то, по рекомендации исследователей, вам нужно, во-первых, хорошенько выспаться в выходные и, во-вторых, выделять больше времени на сон в течение всей следующей недели. Если же вы не высыпались в течение многих месяцев (например, во время избирательной кампании), то для полного восстановления вам понадобятся несколько недель полноценного здорового сна.

Для поддержания своего здоровья и сохранения высокой работоспособности постарайтесь полноценно высыпаться!

Читая эти строки, вы, наверное, улыбаетесь и думаете, что я сошел с ума. Какой сон? Тут у нас избирательная кампания. Каждая минута на счету. И зачастую неорганизованность в штабе, дикий график встреч кандидата... В общем, о полноценном сне и речи идти не может. И это относится в равной степени как к кандидату, который от встреч реально сходит с ума, так и к его консультанту, который всегда рядом.

Ничего нового я вам не сказал. Все знают, что эти 3–4 месяца — очень тяжелые, что это вырванное время из жизни, и в этот период больше всего хочется «выспаться в разных позах», и чтобы никто не трогал. Но, увы, у нас разгар кампании, а вы уже 5 ночей практически не спите и выглядите, как зомби. Писать банальности о замедлении эффективности и реакции, памяти и эффективности работы я не буду. Это и так понятно. Вас интересует вопрос, что же делать.

Дам один дельный совет: найти 30 минут днем. И поспать. Неожиданный поворот, не так ли? Именно 30 минут. Ни минуты больше. Ведь за это время вы не сможете погрузиться в глубокий сон, но при этом немного переведете дух. Попробуйте.

Расскажу одну историю о «красном директоре». Он всегда спал днем, ровно 30 минут. Ложился в костюме и рубашке с галстуком прямо на стол для совещаний и просил секретаря, чтобы его никто кроме министра не беспокоил. Говорил, что очень помогало перевести дух.

Шутка: Если у вас есть стол для совещаний, вы просто обязаны на нем поспать. Но только в одиночку:-).

Боремся с бессонницей
Если Вас беспокоит бессонница — не торопитесь принимать лекарства. Не исключено, что десять простых советов помогут решить вашу проблему:
1. Постарайтесь сделать вашу спальню максимально комфортной.
2. Не используйте постель для размышлений, чтения и другой «работы».
3. Температура воздуха в спальной комнате не должна быть слишком низкой или чрезмерно высокой.
4. Обеспечьте хорошую звукоизоляцию; если же это невозможно — попробуйте «замаскировать» шум с помощью вентилятора или другого источника равномерного шума.
5. Если вы курите — воздержитесь от курения хотя бы перед сном: никотин является стимулятором и ухудшает качество сна.
6. Придерживайтесь определенного режима, ложитесь спать и вставайте ежедневно в одно и то же время.
7. Не занимайтесь физическими упражнениями менее, чем за 3–4 часа до сна. А вот умеренная физическая нагрузка в ранние вечерние часы поможет вам улучшить качество сна.
8. За 4–6 часов до сна избегайте употребления продуктов, содержащих кофеин.
9. Не используйте алкоголь в качестве снотворного. Несмотря на то, что алкогольные напитки ускоряют наступление сна, алкоголь нарушает сон во второй половине ночи.
10. Не ешьте много перед сном.

Бессонница в период избирательной кампании или в период насыщенной политической активности — естественная реакция организма на происходящее.
Перевозбуждение нервной системы, постоянные перепады настроения и общение с большим количеством людей приводят к подобным последствиям. Некоторые политики в процессе своей работы учатся релаксировать. Это просто необходимо, и особенно важно для

молодых политиков. Ведь у них складывается обманчивое ощущение, что они сейчас выиграют олимпийские игры без подготовки. А после победы на выборах будут отсыпаться. Не хочу развеивать их иллюзии, но после выборов иногда тяжелее, чем на самих выборах, работа в комитете, различные встречи, решение своих вопросов, возможно, эфиры и пресс-конференции. Сон просто необходим.

Хочу напомнить, что инсульт в последнее время значительно «помолодел». И нередко его стали переносить мужчины 30–33 лет, и даже моложе. Если мужчины в возрасте 45–50 лет уже понимают, или начинают понимать, что может произойти беда, то вот молодые, увы, думают, что они — железные.

Помните, здоровье не купишь ни за какие деньги, это подтверждено нашими олигархами, которые с каждым годом хотят жить дольше и лучше.

Каждый выбирает для себя инструмент, который поможет ему заснуть. Но спать нужно хотя бы шесть часов. У каждого — свой график, взгляды на жизнь, но физиологические процессы не обманешь. И мне почему-то вспоминаются слова великого кардиохирурга Николая Амосова, который признал, что ошибался в аспекте физической нагрузки.

Я скажу вам откровенно, у меня были большие проблемы со сном. Так сложилось, и мне мало что помогало в процессе борьбы с этим недугом. Но, все-таки, я победил.

Интересно, что те люди, которым совершенно не нужно спать, вполне здоровы и живут полноценной жизнью. А вот студенты, рекордсмены, молодые родители, трудоголики, просто больные люди и другие «бодряки» испытывают серьезные перегрузки при постоянном бодрствовании.

Последствия долгой бессонницы:

Тяга к спиртному исчезает за три дня и на долгие годы!

Живот и бока втянутся за три дня!

Вне зависимости от того, что явилось причиной бессонницы, реакция организма на отсутствие сна у многих людей почти одинакова. Вот что будет, если не спать:

В первые двое суток химические процессы берут верх над психикой, но это почти незаметно окружающим и самому человеку (усталость и раздражительность не берем).

Затем человек начинает путаться, происходит изменение гормонального фона и нарушение нейронных связей в мозге.

На третьи-пятые сутки у того, кто долго не спит, начинаются паранойя и галлюцинации, проявляются синдромы — попутчики болезни Альцгеймера.

Семь и более дней без сна делают человека отрешенным — с невнятной речью, слабыми интеллектуальными способностями и дрожащими руками.

Затем происходит или долгожданный сон, или смерть (точные сроки назвать сложно, ведь у всех людей разная потребность в сне).

Человеческий мозг обладает одним интересным механизмом защиты от длительной бессонницы — поверхностным сном. Это — частичное отключение мозга на короткий срок (от секунды до несколько минут). В этот момент человек способен говорить, ходить и даже водить машину. Поверхностный сон очень полезен, однако и он не спасает от смерти.

По статистике NRMA, каждая шестая автомобильная катастрофа происходит в связи с усталостью водителей, спящих наяву.

Чем опасно хроническое недосыпание

Мы рассмотрели, что будет, если долго не спать, но это актуально для небольшой части человечества. Намного интереснее и важнее то, какие проблемы приходят с ежедневным недостатком сна у человека (а это начинается почти с детского сада).

Естественно, мы в большинстве своем научились откладывать и укорачивать сон, но давайте попробуем понять, насколько это серьезно влияет на ваш организм? Конечно, простое недосыпание несравнимо с пыткой длительного бодрствования, но его последствия иногда бывают еще страшнее.

Если не спать хотя бы сутки, способность обрабатывать информацию и учиться снижается на 30%, двое суток без сна отбирают у человека порядка 60% его умственных способностей. Интересно, что если спать в течение недели меньше шести часов в сутки (средняя потребность составляет восемь часов), мозг может страдать так, будто его лишили сна на пару ночей подряд.

Все окислительные процессы, которые возникают при хроническом недосыпании, оказывают пагубное влияние на память и процесс обучения. Организм стареет быстрее, сердце меньше отдыхает и, соответственно, быстрее изнашивается. Угнетается нервная система, и уже через 5–10 лет хронического недостатка сна человеку гораздо сложнее уснуть. Кроме того, происходят сбои иммунитета, ведь из-за небольшой продолжительности сна выработка Т-лимфоцитов, противостоящих бактериям и вирусам, происходит в недостаточном количестве.

Недостаток сна может негативно отразиться на функционировании головного мозга. В исследовании, проведенном в 2000 году в Калифорнийском университете в Сан-Диего, использовалась магнитнорезонансная томография для мониторинга активности мозга людей, выполнявших простые устные обучающие упражнения. Активность лобных долей была выше у невыспавшихся людей — в зависимости от упражнения мозг иногда пытался возместить недостаток сна. Височная доля головного мозга, которая отвечает за обработку языка, активизировалась у отдохнувших людей, чего не наблюдалось у невыспавшихся. Активность теменной доли головного мозга, не задействованной у отдохнувших людей при выполнении устных упражнений, была выше у людей с недосыпанием.

Эксперименты на животных показывают, что недостаток сна увеличивает выделение гормонов стресса, которые могут привести к снижению скорости восстановления клеток мозга. Во время недосыпания могут возникнуть сумеречные (так называемые просоночные) состояния, являющиеся временным психическим расстройством.

Постпраздничный стресс

Постпраздничные дни характеризуются повышенной стрессогенностью. Кроме того, что организм должен справляться с последствиями чрезмерно затяжных праздников, нужно возвращаться к рабочему ритму жизни, да и погода не устает подбрасывать новые сюрпризы (которые тоже требуют адаптации).

Сочетание нескольких стрессоров чревато ухудшением самочувствия, повышением уровня тревоги, снижением качества работы, обострениями различных психических расстройств и психосоматических заболеваний.

Чтобы помочь своему организму благополучно пережить этот сложный период, воспользуйтесь простыми рекомендациями:

- В первые дни после выхода на работу старайтесь входить в рабочий режим постепенно. Не перегружайте себя производственными заданиями, не окунайтесь в работу с головой. Не задерживайтесь после работы, уходите с работы вовремя, не берите работу домой.
- Не экономьте на отдыхе. Строго следите за своим сном, старайтесь ложиться спать вовремя, а лучше — на полчаса-час раньше. Перед сном нелишне будет совершить двадцатиминутную прогулку, съесть пару чайных ложек меда.
- Не забывайте о завтраке и не пропускайте обеденный перерыв.
- Устраивайте перерывы через каждые 45 минут работы, чередуйте различные виды деятельности.

В постсоветских странах — очень много праздников. Из деловой жизни выпадают целые недели. По моему опыту, очень важно поддерживать «тлеющий огонек». Сейчас поясню, о чем я. Масса встреч и переговоров, тайных и явных, разрывается три телефона… А потом — бац, и тишина. Резкий перепад, от которого получается очень плохо. Ведь через 2–3 дня такой тишины кажется, что ты отдохнул, и ты начинаешь сам требовать к себе внимания. Лучше это делать дозированно, по возможности. И в выходные дни, отдыхая, немного работать. Просто поддерживать рабочий настрой. А у нас — только крайности и высокие скорости. Запомните, что у машины, как и у вас, есть запас хода, и его можно растянуть на 90 лет а можно спалить за 50, все зависит только от вашего стиля езды. Причем, чем моложе, тем проще «прожигать» запасы.

Жизнь без стресса — это смерть

«Жизнь без стресса — это смерть», — ответил основоположник учения о стрессе Ганс Селье на вопрос «Возможна ли жизнь без стресса?».

Звучит странно, не так ли? Мы часто слышим жалобы на стресс, на множество вызванных стрессом болезней и проблем, и стресс однозначно ассоциируется с чем-то отрицательным, нежелательным, плохим. Считается, что нужно бороться со стрессом, избавляться от стресса, побеждать стресс. А тут вдруг такой неожиданный, на первый взгляд, ответ!

Поясню. Стресс — это напряжение. Напряжение как физиологическое, так и психологическое. И хотя бы минимальный уровень напряжения должен присутствовать всегда — даже во сне или при самом глубоком расслаблении. Сердечная мышца должна несколько десятков раз в минуту сокращаться, дыхательная мускулатура должна несколько раз в минуту напрягаться, в мышцах сосудистых стенок должен быть определенный тонус. Если это напряжение уменьшится до нуля — такое состояние будет действительно несовместимо с жизнью. Так что Селье был абсолютно прав!

Жизнь без стресса не бывает. Проблемы со стрессом возникают не тогда, когда он просто «есть», а когда его становится слишком много, т. е. когда уровень стресса становится слишком высоким. Логичный вывод из вышесказанного: стресс не нужно убирать, стрессом нужно научиться управлять, приближая его уровень к наиболее оптимальному.

Праздники, как и любые нестандартные события в жизни, — существенный стрессор. Полное отсутствие праздников приводит к слишком низкому уровню стресса, скуке, тоске. Слишком интенсивное празднование может вызвать другую крайность — чрезмерный стресс. В плане стресс-менеджмента важно уметь использовать праздники для оптимизации уровня стресса.

Как выпутаться из тяжелых ситуаций

Политическая жизнь априори является тяжелой ситуацией. Как в известной игре, когда есть четыре человека и три, а то и два, стула. И эта игра никогда не заканчивается, упавший поднимается на втором круге, и он снова в игре, либо пропускает пару кругов. Но, скорее всего, снова вернется. Поэтому сложные ситуации — это нормально. Вопрос только в том, как из них выпутаться. Ведь все знают, что нужно делать, но, как только наступает «день икс», все теряются, не понимая, что им делать и куда бежать. Все тренинги и семинары, все советы опытных политиков забываются, и остается просто чистый лист. Ключевой вопрос, каковы последствия от промаха? И тут, как всегда, вступает теория вероятности, но с редким исключением. Именно в этом маленьком городке оказываются журналисты, а вы забыли свою речь (признайтесь хотя бы себе, что вы ее не учили). И именно они снимают ваш «ляп», и завтра он попадает на крупные сайт, и, как говорится, приплыли. Нервы, переживания, стресс.

Либо именно на этой встрече с избирателями оказывается человек, который задает резкие вопросы, а у вас нет настроения на них отвечать, и вы говорите, что, когда он станет депутатом, вы с ним поговорите и будете задавать ему коварные вопросы. А находящийся рядом с вами помощник готов провалиться сквозь землю и сразу оказаться в аду, лихорадочно размышляя, как ему писать опровержение или придумывать позитивный информационный повод. Или вы приходите не встречу с избирателями в актовый зал завода после ночной пьянки (пардон, деловых переговоров) и реально выглядите помятым. И ваша харизма куда-то делась.

Что делать в таких ситуациях?

Есть пара советов. Первый — довольно простой: зазубрите одну историю и один анекдот. Именно зазубрите, причем это придется повторять каждый день в течение месяца, а иногда и два раза в день. Попробуйте. Для того, чтобы запомнить этот анекдот или историю, необходимо применить технику мнемоники (науки о запоминании), используя дворцы памяти. Именно дворцы памяти, вы не ослышались. Кроме того, ваша история должна ассоциироваться с чем-то сильным. Уверен, прочитав этот абзац, вы хотите пример.

Пример. Берете анекдот, неважно какой, и раскладываете его на слова. Каждое слово ассоциируется с чем-то очень ярким и запоминающимся. Например, с красной рыбой, полной пены ванной, известной фотомоделью. Теперь расположите эти ассоциации в квартире, в которой вы родились и выросли, или в доме в селе, где вы провели свое детство. Знаю, что это не совсем просто в восприятии. Но вы просто должны попробовать такую рекомендацию. Предположим, перед входом в вашу квартиру у вас стоит большая ванна с пеной, яркий образ, который у вас ассоциируется с началом вашей истории или анекдота, далее вы располагаете, предположим, голую Клаудию Шиффер с куском красной рыбы вместо лифчика на стуле на пороге, привязываете эту ассоциацию к другой части вашей истории. И так далее. Попробуйте.

Действующим политикам, читающим эту книгу, рекомендую тренировать память. Вы просто берете колоду карт и начинаете запоминать, перекладывая карту слева направо. По законам мнемоники, необходимо тренироваться каждый день по 30 минут. И через 30 дней вы заметите позитивные изменения в вашей памяти. И нелишним будет напомнить, что для улучшения памяти необходимо хорошо спать, ведь ваш мозг должен отдыхать.

Не стоит скептически относиться к таким рекомендациям, поверьте, когда вы окажетесь на трибуне перед большой аудиторией, консультанта рядом не будет, даже если вы его выписали из Америки. Будете вы, пустота и сотни глаз, которые будут вас пронизывать своим взглядом. Никто вам не поможет. Кроме вас самих. Ведь для них, консультантов, работа закончится, вещи в сумку — и на родину, или на новые выборы, а вы будете, заикаясь, объяснять, почему так получилось.

Вторая рекомендация — вспомните очень душевную историю из детства, от которой вам хотелось бы плакать, ну вот самую трогательную. Либо о первой любви, либо о первом поцелуе, либо о первой сигарете. Избиратели и зрители любят такие истории, ведь от вас ждут «сонной» истории о партии, о том, что вы все сделали или сделаете, и все будет «полный шоколад». А тут вы — бац — и рассказали что-то очень личное. Эту историю просто необходимо повторять, как анекдот и истории из своих дворцов памяти. Правда, классно звучит? Дворец памяти, не дворец вице-премьер-министра. Вспоминайте историю, можете вспомнить, как вы что-то или кого-то потеряли, уверен вы и так об этом думаете. Ведь если у вас наступит ступор, вы должны будете что-то говорить.

Я сам видел, как у одного министра наступил ступор, когда у него спросили о его шикарной даче. Он этого не ожидал, он замолчал на целую минуту. Уверен, эта минута для него длилась как вечность. Далее он набрал в легкие воздуха и начал рассказывать о даче, на которой он отдыхал в детстве, о велосипедах и самострелах, о том, как они с ребятами (перечисляя — с Сережкой, Саней и Андрюхой) лазили по деревьям, и что в его жизни была и есть только эта дача, маленький домик в селе (неважно, как оно называется), и никакой большой дачи у него нет. Мне было приятно, ведь историю с именами мы придумали за два месяца до этого события, зная, что его спросят о даче. А его очень бесили вопросы о его личной жизни, он не публичный министр.

Третий совет — о слове «нет».

Я против того, чтобы политик что-то отрицал. Как я уже говорил, «нет» в политике — это «да». Лишь иногда вы можете сказать «нет», когда вы действительно чего-то не знаете. Просто взять и сказать — я не знаю ответа на этот вопрос, но я обязательно изучу, решу, поинтересуюсь (выбрать нужное). Но вы можете себе позволить сказать «нет» всего пару раз. Ведь если вы будете часто твердить «нет», это будет большой удар по вашему политическом имиджу.

Напомню, что политик должен репетировать свои выступления и общение с аудиторией постоянно, и обычно я помогаю в этом вопросе. Не заучивать ответы в пустом кабинете после работы в парламенте или после бизнес-встреч, а именно репетировать. Не бывает техник, которые бы работали без предварительной репетиции и отработки. Каждый божий день, по 30–40 минут, оставить телефон у секретаря. Нужно отрабатывать ответы на провокационные вопросы, чтобы они звучали учтиво и с максимальным уважением. Иногда приходится немного шутить и делать проверки уровня знаний своих учеников. Ведь часть консультантов, желая заработать как можно больше денег, привязывают своего подопечного к себе и ходят с ним 24 часа в сутки, показывая что без него политик ничего не сможет. Я проверяю готовность политика таким образом: к нему приходит журналист с радиостанции (неважно какой, поверьте, их никто не знает), мол, я хочу у вас взять интервью, и включает диктофон с красной лампочкой, или звонит по телефону в то время, когда кандидат не может включить радио, и просит в прямом эфире прокомментировать ситуацию, или дать ответы на пару вопросов, а я в это время отсутствую. Частенько меня за такое ругают, но я это делаю. Журналист начинает задавать каверзные вопросы, задача журналиста вывести из себя политика. Если у него это получается сделать за 10 минут, от меня — бонус 200 у. е. , если нет — то базовый гонорар. Поверьте, мотивирует сильно. И вот тут начинается самое веселое, вы сразу можете увидеть уровень подготовки. Потом я беру эту запись и мы ее разбираем на ближайшей встрече с политиком. Обычно вопросы для журналиста пишу лично, выбирая вопросы из тех, которые мы отрабатываем, и еще пару очень провокационных вопросов, которые, я знаю, вызовут раздражение или негативную реакцию. Знаю, что за такие «шутки» меня могут лишить работы, но как еще можно проверить политика, в котором с каждым днем растет уверенность, причем абсолютно не подкрепленная реальными успехами?!

По опыту, 40% неплохо справляются с заданием, и ключевой причиной их результата являются регулярные занятия, в том числе и самостоятельные. Ведь, чтобы стать успешным политиком, просто необходимо учиться. И чем выше вы взбираетесь по политической лестнице, тем меньше стульев остается (вспоминая пример, с которого я начал эту главу), тем выше риски и больше желающих вас скинуть с этого поста.

Обучение релаксации по методу Джейкобсона

Напомню, стресс — это напряжение. Расслабление (релаксация) является состоянием, противоположным напряжению. Именно поэтому обучение нервно-мышечной релаксации по методу Э. Джейкобсона является одним из наиболее эффективных способов борьбы с напряжением.

Суть метода Джейкобсона заключается во взаимосвязи между отрицательными эмоциями и напряжением мышц. Отрицательные стрессовые эмоции (страх, тревога, беспокойство, паника, раздражение и др.) всегда вызывают мышечное напряжение. За примерами далеко ходить не нужно: вспомните, как у вас хмурятся брови, сжимаются кулаки, напрягаются плечи, когда вы оказываетесь в стрессовой ситуации. И эта взаимосвязь стресса и мышечного напряжения такова, что если вы научитесь избавляться от избыточного мышечного напряжения, вы будете уметь уменьшать интенсивность стрессовых эмоций.

Как же научиться этому? Хорошо расслабляться умеют только дети и животные (вспомните, как расслабляется маленький ребенок во время сна — «будто без костей»; или как нежится на солнышке ваша кошка). А взрослые люди в этом полном суеты и вечно куда-то спешащем мире постепенно накапливают в себе напряжение и разучиваются расслабляться.

Телевизор, чтение, игры и прочие виды досуга не дают полноценного расслабления. Мы не можем расслабиться даже ночью, и поэтому долго не можем заснуть, сон становится поверхностным, а утром часто не чувствуем себя бодрыми, свежими и жизнерадостными. Мы настолько прочно забыли состояние полноценного расслабления, что одного желания недостаточно для того, чтобы его «вспомнить». Нужно что-то еще.

Вот здесь и кроется «изюминка» метода нервно-мышечной релаксации. Обучающийся выполняет определенные упражнения для того, чтобы утомить мышцы; а утомленные мышцы автоматически, без сознательных усилий, сами собой расслабляются. Остается лишь внимательно наблюдать за процессом расслабления.

Обучение методу релаксации проводится в три этапа.

На первом (базовом) этапе обучаемый учится целенаправленно расслаблять все мышцы своего тела.

Второй этап — обучение дифференцированной релаксации. Находясь в положении «сидя» расслабляем мускулатуру, не участвующую в поддержании вертикального положения тела. Подобным образом тренируется расслабление мышц при письме, чтении, других занятиях.

На третьем этапе обучаемому ставится задача: повседневно наблюдая за собой, замечать, какие мышцы напрягаются у него при волнении, страхе, тревоге, смущении, и рекомендуется целенаправленно уменьшать, а затем снимать локальные напряжения мышц. При этом (за счет механизмов обратной связи) наблюдается значительное снижение выраженности субъективных эмоционально-стрессовых реакций.

В конце обучения человек приобретает возможность полностью освобождаться от стрессового напряжения меньше, чем за минуту. Но для достижения такого результата нужно потрудиться, немного, но регулярно. На первом этапе выделяйте на занятия релаксацией по 15 минут 3 раза в день. Базовый курс обучения длится до 2–3 месяцев.

Не очень быстро, и не совсем легко… Но в любом случае польза от освоения этого метода многократно превышает затраченные на него усилия и время.

Медитация

Наверняка вам известно, что медитацию практикуют люди, носящие муслиновые одежды, возжигающие благовония, бреющие головы наголо и исповедующие религиозные учения Дальнего Востока. На самом деле, эти атрибуты совсем не обязательны для практики медитации. Хотя вино является неотъемлемой частью католических церковных служб, не все, кто пьет вино, являются католиками. Точно так же тем, кто практикует медитацию, не обязательно обращаться в иную веру.

Что такое медитация?

Медитация — это упражнение для мозга, которое влияет на состояние тела. Точно так же, как любое физическое упражнение сказывается на психическом состоянии, медитация влияет на физиологию. Цель медитации — овладение собственным вниманием и контролем над ним для того, чтобы уметь концентрироваться на выбранном предмете, а не быть жертвой обстоятельств.

Своими корнями медитация уходит в восточную культуру (в основном тибетскую и китайскую), но она также распространена и на Западе. В западный мир медитация попала преимущественно благодаря Махариши Махеш Йоге. Махариши создал всемирную и отлично действующую организацию, в которой люди обучаются трансцендентальной медитации (ТМ). Стресс давит на людей все больше, и им все сильнее хочется уйти от него. Простота техники и эффективная пропаганда организации ТМ сделали ее популярной. За короткий промежуток времени, несмотря на высокую плату за обучение ($ 125, а сейчас плата повысилась), огромное количество людей обучились и стали практиковать ТМ (в 1970-х годах в Соединенных Штатах ежемесячно в программу приходили 10 000 человек).

История жизни Махариши интересна сама по себе. Махест Празод Варма (имя, данное ему при рождении) родился в 1918 году и получил специальность физика в Аллахабадском университете в Индии в 1942 году. Однако перед тем, как начать работать по профессии, он попал в группу религиозного деятеля Свами Брахмананда Сарасвами. После этого последовало тринадцать лет религиозного обучения, в течение которых он пытался выработать простую форму медитации, которую мог бы применять любой человек. Два года он жил отшельником в гималайской пещере, разрабатывая ТМ, которую затем распространил с помощью средств массовой информации, рекламы и Студенческого международного общества медитации (*Students International Meditation Society*) среди широких слоев населения.

Типы медитации

Трансцендентальная медитация — лишь одна из форм медитативной практики. Чакра йога, риндзай-дзэн, мудра йога, суфизм, дзэн-медитация и сото-дзэн — примеры других школ медитации. В медитации сото-дзэн объектом сосредоточения является общий внешний объект (например, цветы умиротворяющего ландшафта). Тибетские буддисты используют для этой цели мандалу — геометрическую фигуру, в которую вписаны другие геометрические формы, важные с духовной и философской точек зрения. Также распространено использование в качестве объекта сосредоточения звуков (грома или барабанного боя), называемых надам, или тихо повторяемых слов, называемых мантрой. В медитации риндзай-дзэн используются коаны (алогичные загадки без ответа), в медитации дзадзэн используется субъективное состояние сознания. Для хинду это — пранаяма («прана» — значит жизненная сила и относится к дыханию), а практикующие дзэн-медитацию концентрируются на анапанасати (подсчет вдохов и выдохов от одного до десяти с повторами). Также наблюдается возрождение традиционной еврейской медитации. Эта форма медитации не требует веры в традиционного Бога и посещения синагоги. Она предполагает сосредоточение на повторяющейся молитве, восприятие божественного света с каждым вдохом или пение псалмов. Независимо от типа медитации, везде используются один или два приема: раскрытие сознания или концентрация внимания. Раскрытие сознания требует безоценочного отношения: вы принимаете все внутренние и внешние стимуляции, чтобы проникнуть в сознание, не используя эти стимулы по отдельности. Так же, как в случае с промокашкой (внутреннее «я») и чернилами (внешние и внутренние стимулы), все просто-напросто впитывается. Если медитация требует концентрации внимания, то объект сосредоточения повторяется (например, слово или фраза) или остается неизменным (например, пятно на потолке).

Чтобы понять, что представляют собой два основных способа медитации, поместите объект в центр комнаты. Постарайтесь сделать так, чтобы он находился не ниже вашей талии. Теперь можно начинать. Однако имейте в виду, что в первую очередь вам захочется быстрее прочитать главу, нежели взять из нее как можно больше. Помните о том, что люди типа А, те, которые больше всего подвержены ишемической болезни сердца, стремятся быстрее закончить задание, а не выполнить его как следует. Сбавьте обороты. Выберите объект и присоединяйтесь к нам.

Теперь смотрите на объект в течение пяти секунд. Скорее всего, вы смотрели и пытались сосредоточиться на нем, стараясь исключить остальные предметы из своего поля зрения. За объектом (и в поле вашего зрения) наверняка находится стена, окно, стол или какой-нибудь плакат. Но, несмотря на очевидное присутствие этих раздражителей, вы можете игнорировать их и концентрировать внимание только на объекте. Объект, на котором вы пытаетесь сконцентрироваться, называется фигурой, а остальные объекты, попадающие в ваше поле зрения, называются фоном. Когда вы слушаете лектора и смотрите на него, то, скорее всего, вы фокусируетесь на нем и на его голосе. Все остальные предметы, кроме лектора, являются фоном, как и все другие звуки, кроме голоса лектора. То же самое может происходить с вами и сейчас. Читая эту книгу, вы можете слышать свой внутренний голос, повторяющий написанные слова, в то время как остальные звуки остаются фоном (гул кондиционера, голоса людей и шум машин на улице, щебетание птиц или звук летящего самолета откуда-то сверху).

Концентрация внимания сходна с сосредоточением на фигуре и игнорированием фона. Для раскрытия сознания необходимо стереть границы между фигурой и фоном.

Польза медитации

Так как медитация очень популярна и доступна в освоении, она является одной из наиболее изученных техник релаксации. Исследования подтвердили влияние медитации на физиологическое и психологическое состояние. Об этом — чуть позже. Однако необходимо остановиться на тех ошибках, которые возникают в результате обобщения информации, касающейся техник релаксации. Например, если мы излагаем данные о медитации, то нужно иметь в виду, что существуют разные типы медитации. А разные типы и влияют по-разному. Иногда уровень мотивации исследуемого субъекта сказывается на результатах. Опыт практикующих медитацию также влияет на результаты (те, кто практикует медитацию хотя бы в течение шести месяцев, значительно отличаются от новичков). Отметим некоторые общепризнанные эффекты медитации.

Физиологические эффекты

Физиологические эффекты медитации были обнаружены в процессе изучения индийских йогов и мастеров дзэн. В 1946 году Тереза Броссе обнаружила, что индийские йоги могут контролировать биение своего сердца. Другое исследование показало, что индийские йоги могут замедлять дыхание (до шести вдохов в минуту), на 70% снижать электрическую активность своей кожи (показатель кожно-гальванической реакции), а их мозг начинает вырабатывать преимущественно альфа-волны. Частота сердечных сокращений уменьшается на двадцать четыре удара в минуту в отличие от нормы. Последующее изучение йогов и мастеров дзэн подтвердило полученные результаты.

В более поздних исследованиях была предпринята попытка проверить обнаруженные ранее физиологические эффекты медитации. Эллисон сравнил ритм дыхания медитирующего человека с ритмом дыхания смотрящего телевизор и читающего книгу. В процессе медитации дыхание замедлялось с двенадцати с половиной вдохов в минуту до семи. Замедление дыхания в процессе медитации было обнаружено и подтверждено во всех исследованиях на эту тему.

Группа ученых выявила эффект расслабления мышц во время медитации. Эксперимент Цайковского продемонстрировал, что степень мышечного напряжения у медитирующих людей гораздо ниже, чем у контрольной группы не практикующих медитацию.

Снижение частоты сердечных сокращений обнаружено в более ранних исследованиях индийских йогов и проверено в последующем. При сравнении опытных практиков (с пятилетним стажем) с менее опытными (практикующими около четырнадцати месяцев) и с новичками (с семидневным опытом), а также с людьми, практикующими другие релаксационные техники, было обнаружено, что самое заметное снижение частоты сердечных сокращений наблюдается у опытных и менее опытных людей, практикующих медитацию. Даже при просмотре фильмов о несчастных случаях сердцебиение людей, практикующих медитацию, приходило в норму быстрее, чем у тех, кто не занимался медитацией.

Кожно-гальваническая реакция — способность кожи вырабатывать электрический заряд — у практикующих медитацию отличается от реакции тех, кто ею не занимается. Чем слабее электрический заряд, тем меньшему стрессу подвергается человек. Эти открытия привели ученых к следующему выводу: люди, практикующие медитацию, лучше справляются со стрессом, а их автономная нервная система более стабильна.

Итак, было доказано, что медитация положительно сказывается на артериальном давлении, предотвращает перенапряжение, устраняет болевые ощущения, снижает уровень кортизола, а также количество усваиваемого алкоголя, то есть большая его часть из организма выводится. Кроме того, доказано, что люди, занимающиеся медитацией, реже обращаются к врачам.

Предпосылкой для серии новых исследований послужил эксперимент Роберта Кейта Уолласа. Уоллас был первым, кто стал изучать эффекты медитации научными методами. В своем первом исследовании и в последующей совместной с Гербертом Бенсоном работе Уоллас показал, что в результате медитации в организм поступает меньше кислорода, снижается ритм сердцебиения и волновая активность мозга. Он также продемонстрировал, что медитация повышает сопротивляемость кожи, снижает выработку крови (это связывалось с уменьшением тревожности) и продукцию углекислого газа. В процессе медитации также усиливается приток крови к конечностям.

Очевидно, что медитация вызывает особые физиологические изменения, отличные от изменений, вызываемых другими релаксационными техниками (чтением, просмотром телевизора, сном) Эти изменения называются реакцией релаксации (трофотропной реакцией), их влияние на состояние здоровья, безусловно, благоприятно.

Психологические эффекты

Так как тело и психика неотделимы друг от друга, нас не должно удивлять то, что физиологические изменения вызывают психологические. Множество исследований подтвердили тот факт, что люди, занимающиеся медитацией, обладают более крепким психологическим здоровьем, чем остальные.

Например, обнаружено, что практикующие медитацию люди менее тревожны. Однако более важно то, что тревожность можно снизить, обучив людей медитации. После восемнадцатинедельного медитативного тренинга у школьников снизилась экзаменационная тревожность. Разные исследования показали, что тревожность — будь то черта характера или состояние — снижается после некоторого времени занятия медитацией.

Кроме снижения тревожности, ученые обнаружили, что медитация способствует установлению внутреннего локуса контроля, более успешной самореализации, более позитивному восприятию стрессоров, улучшению сна, снижению потребности в курении, избавлению от головных болей и позитивному состоянию психического здоровья в целом. В комплексном обзоре психологических эффектов медитации Шапиро и Жибер приводят примеры исследований, в которых обнаружено, что медитация снижает тягу к употреблению наркотиков, силу страхов и фобий. Медитация — замечательный способ управления стрессом, а также источник позитивных эмоций у человека. С помощью медитации можно устранить даже пищевые расстройства. Изучение восемнадцати женщин, страдавших булимией, показало, что в результате занятий медитацией снизилось количество поглощаемой пищи, уменьшилась тревожность, а самоконтроль, наоборот, усилился. Другие исследования подтвердили целебный эффект медитации.

Сейчас мы будем учиться медитировать (и вовсе не за 125 долларов). Вы сможете снизить количество поглощаемого кислорода и уровень лактатдегидронегазы в сыворотке крови, изменить свою физиологию и стать менее тревожным и более успешным. Вы готовы?

Как медитировать

Лучше всего медитировать в тишине и комфорте. Однако с приобретением опыта вы сможете делать это практически везде. Можно медитировать напассажирском месте автомобиля, во время полета на самолете, в своем кабинете в мэрии, или сидя под деревом.

Итак, вы нашли тихое место, где можно учиться медитации. Теперь вам понадобится удобное кресло. Так как состояние сна отличается от медитативного по физиологическим показателям, вы не получите пользы, если заснете. Чтобы избежать засыпания, найдите кресло с прямой спинкой. В таком кресле ваш позвоночник сможет распрямиться, а мышцы спины не будут уставать, поддерживая его в вертикальном положении. Если вы найдете кресло, которое сможет поддерживать не только вашу спину, но и голову, — это еще лучше.

Сядьте в кресло так, чтобы ягодицы находились перпендикулярно его спинке, ступни слегка выдвинуты, а руки свободно лежали на подлокотниках или на коленях.

Расслабьтесь как можно лучше. Но не пытайтесь расслабиться. Если вы пытаетесь, то вы работаете, а не расслабляетесь. Просто станьте пассивным и сконцентрируйтесь на дыхании. Позвольте жизни идти своим чередом. Если вы смогли расслабиться, это хорошо. Если нет, то примите это как факт.

Теперь закройте глаза и произносите про себя слово «раз» с каждым вдохом и слово «два» — с каждым выдохом. Не пытайтесь сознательно изменить или проконтролировать ритм своего дыхания, дышите естественно. Продолжайте это занятие в течение двадцати минут. Лучше, если вы будете медитировать так дважды в день — по двадцать минут.

Наконец, когда вы закончите медитацию, позвольте телу приспособиться к нормальным рутинным условиям. Открывайте глаза постепенно, фокусируя взгляд сначала на одном объекте, находящемся в комнате, затем на нескольких. Вздохните глубоко несколько раз. Потянитесь, сидя в кресле, потом, когда почувствуете, что уже готовы соприкоснуться с реальностью, встаньте и снова потянитесь. Если вы сразу сорветесь с места после окончания медитации, то вскоре почувствуете усталость, и чувство расслабленности исчезнет. Так как в процессе медитации ваше артериальное давление снизилось и сердцебиение замедлилось, слишком быстрое вставание с кресла может вызвать головокружение, и поэтому не рекомендуется.

В принципе у вас не должно возникнуть никаких затруднений. Если вы испытываете дискомфорт, у вас кружится голова, возникают галлюцинации или видения, просто откройте глаза и прекратите медитацию. Такие ситуации редки, хотя иногда и случаются.

Вот еще несколько рекомендаций

1. Время сразу после пробуждения и перед обедом — лучшее для медитации. Не медитируйте сразу после еды. После приема пищи кровь приливает в область желудка, поскольку она участвует в процессе переваривания. А так как прилив крови к конечностям рук и ног — часть реакции релаксации, кровь, собранная в районе желудка, не сможет участвовать в процессе релаксации. Именно поэтому желательно медитировать непосредственно перед завтраком или перед обедом.

2. Медитация способствует замедлению процесса обмена веществ. Кофеин — это стимулятор. Он содержится в кофе, чае, коле и некоторых других напитках. Вам необходимо расслабиться, а не взбодриться. Поэтому не рекомендуется употреблять эти напитки перед медитацией. Также вам не следует курить перед медитацией (ведь никотин — это тоже стимулятор) или принимать иные стимулирующие вещества.

3. Как держать голову? Держите, как хотите. Некоторые предпочитают держать ее прямо, некоторые откидывают на спинку кресла или позволяют ей упасть на грудь. Если вы выбираете последний вариант, то потом в течение нескольких сессий вы можете ощущать незначительную болезненность в мышцах шеи или плеч, а все потому, что эти мышцы недостаточно гибки; именно поэтому некоторые из нас не могут коснуться

кончиков пальцев ног, не сгибая при этом коленей. Со временем мышцы растянутся, и вы перестанете испытывать дискомфорт, когда ваша голова будет расслабленно падать на грудь.

4. Как узнать, что эти двадцать минут уже прошли? Ответ чрезвычайно прост: посмотрите на часы. Если двадцать минут истекли, прекратите медитацию, если нет — продолжайте. Смотреть на часы каждые две-три минуты не рекомендуется, однако посмотреть на них один-два раза не возбраняется. Есть хорошее наблюдение: через некоторое время после того, как вы начнете практиковать медитации, у вас появятся «встроенные» часы; они дадут вам знать, когда время истекло.

5. Ни в коем случае не ставьте будильник. Вы будете слишком расслаблены, а звонок приведет вас в чувство слишком резко. Также отключите телефон, чтобы не было звонков. Если телефон будет отключен, то и вы сможете «отключиться».

6. Вы не сможете долго концентрироваться на дыхании из-за других мыслей. Вы задумаетесь о своих проблемах, предчувствиях и других заботах. Это нормально. Однако когда вы вдруг поймете, что задумываетесь о другом и не концентрируетесь на дыхании, — мягко, без мысли, что вы совершили ошибку, вернитесь к повторению слов «один» и «два» соответственно на каждый вдох и выдох.

7. Удивляют люди, которые делают все для того, чтобы отпущенные на медитацию двадцать минут прошли как можно быстрее. Они быстро дышат, ерзают на кресле и слишком часто открывают глаза, чтобы посмотреть на часы. В процессе медитации они строят планы и думают о своих проблемах. В таком случае им лучше сначала решить все проблемы, а потом приступить к медитации. Если вы решили медитировать, расслабьтесь и забудьте обо всем. Двадцать минут — это двадцать минут! Вы не можете заставить их пройти быстрее! Просто расслабьтесь и получайте удовольствие. Ваши проблемы никуда не денутся, и вы сможете вернуться к ним позже. Единственное, что способно измениться, это ваше отношение к ним: возможно, после медитации они станут меньше вас пугать.

Время для медитации

Медитация может доставлять удовольствие и помогать справляться со стрессом, но необходимо ею *заниматься*. Я знаю людей, которые говорят, что медитация для них очень полезна, но на нее не хватает времени. То им мешают дети, то докучают соседи. Говорят, им не найти свободных сорок минут в день. Без тени сочувствия я отвечаю таким людям: «Если вам не хватает времени, то вам действительно необходимо медитировать, а если вы не можете найти место, где можно спокойно провести двадцать минут, то вам тем более необходимо медитировать». Бремя всегда можно найти, просто некоторые предпочитают использовать его для чего-то иного, более важного. Если вам действительно дорого ваше здоровье, то вы найдете время для его улучшения. И место тоже.

Если вы хотите узнать о медитации больше, прочтите книгу Джонатана Смита «Медитация». В этой книге предложена семинедельная программа занятий с множеством упражнений для медитации.

Оценочная шкала для медитации

Занимайтесь медитацией регулярно. После минимум недели занятий оцените каждое из перечисленных ниже утверждений по предложенной шкале.

1 — абсолютно верно;
2 — в принципе верно;
3 — затрудняюсь ответить;
4 — в общем неверно;
5 — совершенно неверно.

1. Мне было хорошо.
2. Я без труда смог найти время.
3. Медитация помогла мне расслабиться.
4. Я стал лучше справляться с ежедневными делами, чем раньше.
5. Я легко освоил эту технику.
6. Я без труда отвлекся от своих забот и сосредоточился на медитации.
7. Я не чувствовал усталости после медитации.
8. Мои пальцы рук и ног становились теплее после медитации.
9. Все симптомы стресса (головная боль, мышечное напряжение, тревожность), беспокоившие меня до того, как я стал заниматься медитацией, исчезали после занятий.
10. Каждый раз после медитации мой пульс был ниже, чем перед началом.

Теперь подсчитайте сумму баллов, полученных за ответ. Запомните этот балл и потом сравните с баллами, полученными при оценке других техник. Чем ниже балл, тем больше подходит вам эта техника.

Позаботьтесь о своем окружении

Рассказывая о пользе, принесенной добровольцами, помогавшими бездомным людям в приюте Лайтхаус, Уолт Хэррингтон писал:

«Я понял следующее... люди, которые работают волонтерами в Лайтхаусе, ничем не лучше тех, кто там не работает... Нет, волонтеры

Лайтхауса лучшего мнения о себе не потому, что они просто лучше всех, а потому, что сейчас они поступают лучше, чем поступали раньше. Они более склонны к размышлениям и менее — к заблуждениям. Они замечательны так же, как замечательны мать или отец, встающие среди ночи, чтобы успокоить плачущее дитя. То, что делают отец или мать — благостно. Это и есть благо — момент, прекрасный в своей чистоте, когда эгоизм и самопожертвование сливаются воедино».

Хотелось бы вам испытать это чувство? Научите близких вам людей медитировать, чтобы они могли легче переносить стресс. Может быть, ваши сокурсники тоже захотят научиться этому, чтобы снизить тревогу перед экзаменами. Может быть, пациенты дантиста захотят научиться расслабляться перед тем, как сесть в кресло врача. Немного подумав, вы сможете определить, как повлиять на жизнь людей, обучив их медитации. Если вы займетесь этим, то окружающие вас люди станут намного здоровее.

Выводы

- Медитация — это просто упражнение для ума, созданное для того, чтобы научить вас контролировать свое внимание и самому выбирать, на чем сосредоточиваться.
- Для медитации необходимо концентрироваться на чем-то повторяющемся (например, на повторении слов про себя) или на чем-то постоянном (например, на пятне на стене).
- Существуют разные типы медитации. В некоторых из них используются внешние объекты для концентрации, в других — геометрическая фигура, называемая мандалой, в остальных — повторяющееся слово или звук.
- Медитация используется для избавления от мышечного напряжения, тревожности, злоупотребления наркотиками и перенапряжения. В результате медитации снижается артериальное давление, ритм дыхания и сердцебиения, электрическая активность кожи, усиливается приток крови к рукам и ногам.
- Медитация улучшает психологическое состояние. Она снимает тревожность, помогает изменить локус контроля в сторону внутреннего, способствует самоактуализации, улучшению сна, снижает потребность в курении, избавляет от головных болей и положительно отражается на психическом здоровье.
- Чтобы научиться медитировать, необходимо найти тихое место. Сядьте в кресло с прямой спинкой и говорите про себя слово «раз» при каждом вдохе и слово «два» при каждом выдохе. Глаза при этом должны

быть закрыты. Слова нужно повторять при каждом вдохе и выдохе. Продолжительность занятия — двадцать минут.

• Чтобы медитация приносила пользу, ею нужно заниматься регулярно. Не рекомендуется сознательно изменять ритм дыхания, заставлять себя расслабиться или слишком часто прерывать медитацию. Так как в процессе пищеварения в районе желудка собирается много крови, то рекомендуется медитировать перед едой утром и вечером.

• Эффективность медитации может быть снижена из-за приема стимулирующих веществ. Стимуляторы — такие, как никотин в сигаретах или кофеин в кофе, чае и других напитках — мешают развитию трофотропной реакции (реакции релаксации).

Духовность и стресс

К сожалению, мы слишком редко относимся к чудесам, которыми богата наша жизнь, с должным почтением. Родители требуют от своих детей ярких успехов, вместо того, чтобы просто восхищаться их уникальностью. Студенты не обращают внимания на ту красоту, которая окружает их на территории студенческого городка. Они практически не используют возможность отдохнуть в тени деревьев с томиком Платона, Хемингуэя или Уодсворта. Профессора же совсем не ценят предоставленную возможность и честь посвятить себя науке. Необыкновенное таинство мироздания зачастую теряется в нашем суетливом обществе с его быстрой едой, диетами для быстрого похудания и электронными приборами, позволяющими наращивать мускулатуру практически не двигаясь. Легче, раньше, быстрее — и так мало времени остается для того, чтобы посвятить его духовному развитию и своему духовному здоровью.

А политики в спешке забывают не только о здоровье, но и духовности в целом. Считая, что купив и подарив икону в местный монастырь, они купят себе индульгенцию. Но кого они обманывают?

Духовное здоровье

Существует несколько определений духовного здоровья. В соответствии с некоторыми из них понятие духовности соотносится с существованием некоего Высшего Существа, тогда как в других духовность связана с межличностными отношениями и поиском своего места в мире. Например, согласно одному из определений, духовность — это приверженность определенной религии. Чем сильнее эта приверженность, тем крепче духовное здоровье. С другой точки зрения, духовное здоровье заключается в умении распознать и выполнить жизненную задачу, умении нести любовь, радость и мир, помочь себе и другим полностью реализовать себя.

По мнению ведущего специалиста по ишемической болезни сердца, инициатора проекта «Жизненный стиль и сердце», доктора Дина Орниша, дефицит эмоционального и духовного здоровья — основная причина сердечных болезней, потому что возникающий в результате этого стресс способствует развитию негативных паттернов поведения, что ведет к развитию болезни сердца. Поэтому в программу доктора Орниша включены упражнения, помогающие понять себя, улучшить отношения с другими и укрепить союз с высшими силами.

В клинике стресса, открытой Джоном Кабат-Цинном, также признается важность духовного здоровья при взаимодействии со стрессом и для укрепления общего здоровья. С помощью медитации пациенты учатся жить настоящим моментом, четко осознавать чувства, мысли и ощущения. Результат — ослабление хронических болей, снижение тревожности, стресса и депрессии.

Существует мнение, что «полезно рассматривать такие техники, как медитация, визуализация и групповая поддержка, в качестве средств укрепления духовного здоровья, а именно: самоосознания, отношений с другими, поисков цели и смысла жизни. Это гораздо полезнее, чем рассматривать их просто как техники управления стрессом, которые помогают людям «расслабиться» или «уйти от проблем».

Для того чтобы обрести духовное здоровье, потребуется ответить на такие вопросы, как: «Кто я?», «Зачем я здесь?» и «Куда я иду?». Эти вопросы заставляют задуматься над самим фактом своего существования и смыслом жизни. Ответы на них могут успокоить вас и укрепить уверенность в том, что вы двигаетесь именно в том направлении, в каком хотите. Но, с другой стороны, эти ответы могут и встревожить. Возможно, раньше вы не задумывались о своих отношениях с другими людьми, с высшими силами, с природой, не размышляли о том, что было до нас и что будет после нас. Если это так, используйте возникший диссонанс, чтобы изменить свою жизнь и прийти к большей духовности. Радуйтесь любимым людям, восхищайтесь чудесами природы, найдите занятие по душе и внесите свой вклад в мировую гармонию. Оставьте все предрассудки, просто радуйтесь тому, что вы есть, и помогите другим почувствовать то же самое. Все это уменьшит вашу подверженность стрессу, повысит удовлетворенность своей жизнью, а также поможет эффективнее взаимодействовать с окружающей средой и дорогими вам людьми. Остановимся на этом более подробно.

Читая о духовности и духовном здоровье, вы непременно заметите, что информация, помещенная в блоках «Позаботьтесь о своем окружении», напрямую связана с духовным развитием. Эти блоки включены в книгу специально для того, чтобы вы обратили внимание на свое духовное начало, стали его развивать и таким образом смогли защититься от стресса.

Религия и духовность

Не подлежит сомнению, что религиозность и духовность влияют на здоровье. Но еще не совсем понятно, в чем сходство и различие этих двух понятий — религии и духовности. Духовность предполагает определенную «ориентацию личности или переживание трансцендентного, связанное, например, со смыслом жизни, иногда — поиски священного в жизни». Религия — это «внешняя демонстрация духовного существования, при которой люди объединяются в организованные сообщества, имеют общие убеждения и занимаются определенными практиками».

Можно быть духовным человеком, но не религиозным или даже антирелигиозным. А иногда люди используют духовные практики, например молитву, в качестве способа медитации, а не в качестве обращения к Высшему Существу.

Духовность и здоровье

Духовность и религия связываются с разными параметрами состояния здоровья (например, с артериальным давлением). Ученые пытались использовать религию и духовность в качестве средств, которые улучшают самочувствие и уменьшают влияния стресса. Многие попытки носили научный характер, другие были несколько «экзотическими». Рассказывая об исследовании взаимосвязи молитвы и здоровья, Ларри Доссн описывает удивительный эксперимент, проведенный в рамках своей программы. Группу пациентов, имеющих одно и то же заболевание, разделили на две подгруппы. Группа людей, считавшая себя религиозной, молилась за другую группу. Однако группа пациентов, за которую молились, не знала об этом, а молящиеся также не знали, за кого молятся. Тем не менее, здоровье пациентов той группы, за которую молились, заметно улучшилось. Этот эксперимент называется двойным слепым экспериментом — одно из удивительнейших изобретений ученых. Досси объясняет свои открытия с духовной и с научной точек зрения: «Я воспринимал эти события как не связанные между собой, потому что влияние отдельных действий друг на друга, доказанное учеными на уровне мельчайших частиц, кажется мистическим. Получается, что частицы, разделенные большим расстоянием, взаимосвязаны. Изменение одной из них сказывается на остальных. Это во многом сходно с воздействием молитвы на расстоянии. Однако никто не знает, есть ли связь между поведением отдельных частиц или между молитвой и желанием». Досси также подчеркивает тот факт, что молитвы разных религий одинаково эффективны. Он приводит этот довод для утверждения религиозной толерантности.

Многие другие исследования также подтверждают связь духовности и здоровья. Например, ученые обнаружили, что религиозность и духовность снижают влияние психологического стресса, риск физического недуга, изменяют моральные установки. Также исследователи пришли к выводу, что религиозность и духовность способствуют усвоению более здоровых шаблонов поведения. В целом религиозные и духовные люди более здоровы, чем неверующие. Как заметил один ученый, «определенная степень религиозности больше влияет на здоровье в целом, чем на отдельные показатели (такие, как самооценка, локус контроля, присоединение, чувство целостности)». Духовное здоровье влияет и на способность управлять стрессом.

Как духовность и религиозность влияют на здоровье

Хотя никто еще точно не знает механизма влияния духовности на здоровье, существует несколько теорий.

Теория контроля

Исследователи давно заметили, что тот, кто чувствует свою способность хоть немного контролировать свою жизнь, значительно здоровее того, кто этого не чувствует. Есть два уровня развития чувства контроля: первичный контроль и вторичный контроль. Первичный контроль — это попытка изменить ситуацию, тогда как вторичный контроль — это попытка контролировать себя. Вторичный контроль эффективен в более сложных ситуациях.

Религия и духовность — способы первичного и вторичного контроля. Например, молитва о защите (просьба о вмешательстве высших сил) — это способ первичного контроля. С другой стороны, изменение отношения к ситуации и рассмотрение ее как стечения обстоятельств или воли сил природы — это вторичный контроль. Другой способ вторичного контроля, снижающий степень эмоционального реагирования, включает в себя «медитацию, созерцающую молитву, ритуалы или чтение писаний». Один из исследователей обнаружил, что молитва и направленная медитация эффективнее снижают уровень озлобленности и тревожности, чем прогрессивная релаксация.

Есть такая классификация религиозных механизмов усиления контроля как механизма управления стрессом.

• Самонаправление; человек понимает, что только он сам отвечает за происходящие в его жизни события, хотя Бог дал все необходимое для успешной жизни.

• Сотрудничество: человек «работает» вместе с Богом или силами природы, это позволяет ему контролировать ситуацию.

• Поклонение: все зависит от Бога или сил природы; в решении проблем человек полагается на внешние силы.

• Мольба: человек умоляет Бога и/или высшие силы вмешаться и разрешить ситуацию.

Ученые также обнаружили, что самонаправление и сотрудничество ведут к психическому здоровью и к психологической компетентности, а поклонение свидетельствует о низком уровне саморазвития. Однако другие исследователи утверждают, что сотрудничество и поклонение более полезны для здоровья в тех случаях, когда человек действительно обладает небольшими возможностями влиять на ситуацию (например, перед тяжелой операцией). В таких случаях можно говорить о вторичном контроле в виде поклонения или сотрудничества.

Теория социальной поддержки

Некоторые исследователи трактуют значение духовности и религии в социальном контексте. Принадлежность к церкви, синагоге или другой духовной общине позволяет человеку войти в глубокий, очень интимный контакт с теми, кто разделяет его убеждения. Только само чувство принадлежности может снизить степень озлобленности и тревожности, оказывая, таким образом, позитивное воздействие на здоровье. К тому же, принадлежность к церкви или какой-либо религиозной общине способствует появлению близких людей, которые обеспечивают социальную поддержку, столь необходимую для поддержания здоровья и благосостояния. Единомышленники оказывают эмоциональную и финансовую поддержку в трудные времена, а также могут дать совет, который поможет пережить временные неприятности. Мы знаем, что социальная поддержка — эффективный способ управления стрессом или профилактики заболеваний, вызванных стрессом. Поэтому неудивительно, что религиозность и духовность, обеспечивающие социальную поддержку, имеют большое влияние на здоровье человека.

Теория плацебо

Некоторые ученые оспаривают факт влияния духовности и религиозности на здоровье. Они считают, что здесь действует эффект плацебо, распространенный во многих сферах жизнедеятельности. Когда люди верят, что им что-либо поможет, у них нередко действительно наступают улучшения. Именно поэтому исследователи скрывают от испытуемых, кто из них подвергается исследованию, а кто находится в контрольной группе. По возможности эта информация скрывается даже от тех, кто обрабатывает данные. Ситуация, при которой ни испытуемые, ни экспериментаторы не знают, кто подвергается эксперименту, называется двойным слепым экспериментом.

Истинность результатов двойного слепого эксперимента по-прежнему продолжает оспариваться. Пока люди здоровы и занимаются укреплением здоровья, неизвестно, что именно действует — профилактика болезней или их убежденность в ее пользе? Если религиозная и духовная деятельность улучшают состояние здоровья, необходимо знать, происходит ли это с помощью каких-то неизвестных метафизических механизмов, или действует эффект плацебо.

Противники такой аргументации предлагают оценивать эффективность лечения перед его применением. Однако, если молитва о защите помогает укрепить здоровье, то как мы можем найти этому подтверждение. Действует ли здесь сила веры молящегося? А может, все дело в природе молитвы? Может, здесь вступают в игру высшие силы? Если ответить на эти вопросы, станет возможно широкое применение эффекта плацебо при лечении различных болезней.

Прощение и здоровье
Представьте себе, что некто поступил с вами так, что вы никогда не сможете его простить. Кто-нибудь обманул вас, уволил с любимой работы или причинил вред члену вашей семьи. Вас приводит в ярость одна лишь мысль об этом человеке, и это вполне естественно. Неспособность прощать провоцирует гнев и ярость. Однако мы знаем, что ярость может запустить стрессовую реакцию со всеми вытекающими последствиями. То есть неспособность прощать плохо влияет на здоровье. Таким образом, прощение, в духовном понимании, влияет на вашу способность управлять стрессом и поддерживать психическое здоровье.

Добровольная помощь как духовная деятельность, полезная для здоровья

Добровольная помощь другим людям — это один из видов духовной деятельности, которая приносит огромную пользу не только тем, кому помогают, но и тем, кто ее осуществляет. Как заметил Ральф Эмерсон: «Одно из самых удивительных проявлений закона компенсации в жизни человека заключается в том, что нельзя помочь другому, не помогая при этом себе». Именно так обстоит дело и с добровольной помощью.

Несколько основательных экспериментов при участии студентов, которые были членами той или иной общественной службы или обучались при них, показали, что в результате оказания добровольной помощи огромные преимущества получают сами студенты, учебные заведения, в которых они учатся, общества и агентства, где они работают. Поэтому волонтерство получает все большее распространение среди студентов. Даже взрослые люди занимаются этим и получают огромную пользу для себя. В фокусе эксперимента, проведенного в Калифорнии, оказались пожилые люди, работавшие волонтерами. Их число составляло 31% от всех, оказывавших бескорыстную помощь нуждающимся. Выяснилось, что смертность среди них ниже, чем среди других лиц пенсионного возраста. Добровольная помощь влияет на функционирование организма, помогает избавиться от вредных привычек, а также позволяет получать социальную поддержку от других добровольцев. Доказано, что у волонтеров крепче здоровье, они лучше социально адаптированы, альтруистичны и более религиозны, чем остальные. Взрослые волонтеры обладают не только лучшим здоровьем, но и более высокими моральными ценностями, самооценкой и уровнем социальной интеграции.

Когда вы добровольно оказываете помощь другим, вы тем самым помогаете и себе. Добровольное участие в жизни других способствует укреплению собственного здоровья, повышает сопротивляемость стрессу.

Еще немного о духовности, здоровье и психологии стресса

Положение о том, что жизнь отдельного человека находится в неразрывной взаимосвязи с окружающим миром, является главной темой обсуждения ученых в последние годы. Много лет назад это явление описал психиатр Эрик Эриксон и назвал его «Кризисом целостности-отчаяния». Когда этот кризис успешно разрешается, вы чувствуете связь с прошлым и будущим. Вы чувствуете себя одним из звеньев цепи жизни, которая имеет определенный смысл и значение. Это показатель духовного здоровья. Некоторые приходят к такому выводу через религию, веру в Бога и загробную жизнь как награду за совершенное добро в этой, земной жизни. Другие обретают духовное здоровье в убежденности, что все в этом мире взаимосвязано: то, что влияет на одного, влияет также и на других. Эти люди по собственному желанию занимаются охраной природы, добровольческой деятельностью и помогают людям, нуждающимся в помощи.

Ощущение целостности и целенаправленности жизни, а не отчаяния, оказывается бесценным в трудные времена. Оно может сработать в качестве эмоционального копинга (копинг — это то, что делает человек, чтобы справиться со стрессом). и помочь принять то, что неподвластно вашему контролю, сконцентрироваться на хорошем и расслабиться.

Исторически добровольная деятельность связывается с религиозными организациями. Однако с давних пор во многих странах существовала нецерковная добровольческая деятельность. Во многих студенческих городках есть заведения, которые побуждают студентов и преподавательский состав принимать участие в общественной деятельности. Помните, что, творя добро для других, вы творите добро для себя. Что может быть лучше?

Позаботьтесь о своем окружении

Множество религиозных организаций — синагог, церквей, мечетей — занимаются образованием людей. Можно научить прихожан справляться со стрессом с помощью молитвы, которая избирается в качестве объекта концентрации. Или же можно организовать молодежь и помогать людям, нуждающимся в помощи.

Даже будучи никаким образом не связанным с религиозной или иной общинами, все равно можно оказать духовную помощь своим собратьям. Например, — создать молодежную группу, которая будет заниматься общественно полезными делами после учебы. Или можно организовать баскетбольную лигу, где все члены должны платить взносы за участие в ней. Сборы от этого можно пожертвовать местному приюту или ночлежке для бездомных.

Когда вы начнете оказывать подобные услуги своему сообществу, вы почувствуете, что ваша жизнь стала более наполненной, вы приобретете ощущение собственной значимости, а это тоже укрепляет духовное здоровье. Вы почувствуете удовлетворение. Станьте для своих собратьев человеком, который заботится о них, и вы поможете им жить более спокойной и радостной жизнью. А вы, в свою очередь, также научитесь лучше справляться со стрессом.

Выводы

Существует несколько определений духовного здоровья. В некоторых из них понятие духовности соотносится с верой в высшее существо, тогда как в других духовность связана с межличностными отношениями и поиском своего места в мире. Например, по одному из определений, духовность — это приверженность определенной религии. С другой точки зрения, духовное здоровье заключается в умении распознать и выполнить свою жизненную задачу, умении нести любовь, радость и мир, а также помочь себе и другим полностью реализовать себя. Понятие о духовном здоровье может включать в себя такие вопросы, как: «Кто я?», «Зачем я здесь?» и «Куда я иду?». Развитие духовности помогает снизить стресс, ощутить связь с другими, найти цель жизни и научиться воспринимать неприятности и стрессы с другой точки зрения.

Духовность — ориентация личности или переживание трансцендентного в жизни (например, поиски смысла жизни). Иногда под духовностью понимают поиски священного в жизни.

• Религия — это «внешняя демонстрация» духовного существования, при которой люди объединяются в организованные сообщества, имеют общие убеждения и привержены определенным духовным практикам.

• Можно быть духовным человеком, но не религиозным или даже **антирелигиозным**. Иногда люди используют духовные практики, например молитву, в качестве способа медитации, а не в качестве обращения к Высшему Существу.

• При отсутствии духовного здоровья возникают сердечные заболевания, состояния тревожности, депрессии. Это также влияет на продолжительность жизни.

• Влияние духовного здоровья на другие сферы жизни теория контроля, теория плацебо и теория социальной поддержки объясняют по-разному. К религиозным способам обретения контроля над жизнью относятся самонаправление, сотрудничество, поклонение и мольба.

• Прощение также влияет на способность управлять стрессом и поддерживать психическое здоровье.

• Неспособность простить человека или Высшее Существо вызывает гнев, и затем болезнь. В результате экспериментов выяснилось, что неспособность простить Бога коррелирует с депрессией и тревожностью. С другой стороны, способность прощать повышает удовлетворенность супружеством, улучшает климат в семье, укрепляет психическое здоровье и повышает самооценку.

• Добровольная помощь другим людям — один из видов духовной деятельности, которая приносит огромную пользу не только тем, кому помогают, но и тем, кто помогает. Добровольная помощь влияет на продолжительность жизни, психическое и соматическое здоровье, помогает избавиться от вредных привычек, а также позволяет получать широкую социальную поддержку. У добровольцев крепче здоровье, они лучше адаптированы в обществе, альтруистичны и более религиозны, чем остальные; у них более высокий уровень моральных ценностей и самооценки.

• Вера в то, что человек связан с прошлым и будущим, через религию или веру в силы природы — очередная ступень развития, связанная со здоровьем и способностью управлять стрессом.

Библиотерапия

Информация, которая поступает к нам (в любом виде: слова, музыка, книги, фильмы и т. д.), оказывает на нас некоторое влияние. Случалось ли такое, что, прочитав книгу, вы настолько вдохновлялись прочитанным, что в вашей жизни что-то менялось? Эти изменения могут быть маленькими, а могут стать значительными...

Библиотерапия — целое направление в психологии и психотерапии.

Библиотерапия появилась много лет назад. При входе в библиотеку египетского фараона Рамзеса II висела табличка: «Лекарство для души». Так еще в далекие времена понимали значение книги.

Лечение с помощью книг применялось еще в первых библиотеках Греции. Пифагор, великий ученый-математик и известный целитель, наряду с травами и музыкой успешно использовал литературу, стихи для лечения ряда заболеваний.

В Европе начало излечения книгой положили первые церковные библиотеки, в которых хранились книги религиозного содержания, приносящие верующим успокоение и надежду. Библиотерапия находилась «под крылом» церкви до эпохи Возрождения.

Для библиотерапии касательно стресса или страха подходят все публикации, которые повышают самооценку, уверенность в себе, формируют независимость от общественного мнения, увеличивают стрессоустойчивость, мотивируют на успех, учат уживаться с тревогами и страхами, настраивают на философское восприятие жизни.

Думаю, что среди пяти нижеперечисленных книг найдется хотя бы одна, которую вы точно не читали.

1. «Чайка по имени Джонатан Ливингстон» Ричарда Баха — прекрасная и очень простая книга о внутренней свободе, о преодолении трудностей и стремлении к совершенству.

2. «Кирпичи» Данияра Сугралинова — это история. . .

Это история о «кирпичах», из которых неудачник построил свою крепость успеха и счастья. Осторожно! Текст содержит ненормативную лексику.

3. «Приручение страха» Владимира Леви — это книга о том, как перестать бояться и начать жить. Автор много рассуждает о страхе выражать себя на аудитории: у кого-то начинается нервный тик, у кого-то руки дрожат, кто-то начинает заикаться, а кто-то сжимается в комок и не

может издать ни звука. Леви дает задания для работы со страхами и публикует интереснейшие упражнения, направленные на расслабление, наращивание уверенности, становление успешности.

4. Книга Алана Маршалла «Я умею прыгать через лужи» будет интересна как детям, так и взрослым, заикающимся и не заикающимся.

В этой повести автор вспоминает свое нелегкое детство. Будучи ребенком, Алан заболевает детским церебральным параличом, и впоследствии двигаться он может только при помощи костылей.

Он оказывается сильным мальчиком, который борется со своим недугом. Труды его были по достоинству вознаграждены.

5. «Пигмалион» Бернарда Шоу — это пьеса, написанная в 1913 году. .

В ней рассказывается о профессоре фонетики Генри Хиггинсе, который заключил пари со своим новым знакомым — полковником Британской армии Пикерингом. Суть пари состояла в том, что Хиггинс сможет за несколько месяцев обучить цветочницу Элизу Дулиттл произношению и манере общения высшего общества.

Кофе не стоит пить при стрессе

Даже умеренные дозы кофеина усиливают выработку гормонов стресса — адреналина и норадреналина. Если их уровень и без того достаточно высок, симптомы стресса не заставят себя долго ждать.

Люди в стрессовом состоянии после употребления большого количества кофе часто жалуются на беспокойство, нервозность, раздражительность, бессонницу, покраснение лица, повышенный диурез, расстройство пищеварения, мышечные подергивания, учащенное сердцебиение и др.

Хотя максимально допустимой суточной дозой кофеина считается 600 мг, симптомы передозировки часто появляются даже при употреблении 250–350 мг кофеина в сутки.

Напитки и продукты, содержащие кофеин:

200 мл чашка черного кофе — от 80 до 175 мг

200 мл чашка растворимого кофе — от 60 до 100 мг

200 мл чашка кофе без кофеина — от 2 до 4 мг

200 мл чашка чая — от 40 до 70 мг

банка (330 мл) Кока-Колы или Пепси-Колы — от 30 до 50 мг

200 мл чашка какао — около 10 мг

1 плитка шоколада — от 20 до 50 мг

1 таблетка от головной боли — до 30–60 мг.

Для приблизительной оценки количества принятого кофеина можно воспользоваться следующими упрощенными формулами:

Одну дозу кофеина (50 мг) содержат:
чашка чая
банка колы
1 шоколадка
1 таблетка от головной боли
Две дозы кофеина содержатся в одной чашке кофе.
В обычном состоянии желательно не принимать более шести доз (300 мг) кофеина в сутки.
При стрессе кофеин лучше исключить полностью.

Раздел 5.
Выбор консультанта

Сцена 4

Холл дорогого ресторана в большом городе.

Метрдотель открывает большую дверь. Святослав, не спеша, заходит.

Сегодня ему назначили встречу люди, которым он, а точнее — его заказчики, перешли дорогу. Очень серьезные люди. Вероятность, что его попытаются убить, 60–40 не в его пользу.

Однако не прийти на такую встречу — это как опустить глаза перед боксерским поединком и прослыть трусом и проиграть бой до его начала. И неявка на эту встречу в математическом эквиваленте снизила бы шансы на выживание до 5 против 95, что его никогда не найдут. К нему вряд ли бы прислали такого же, как и он, переговорщика. Это, скорее всего, был бы взрыв машины, причем от выстрела из ракетницы с дальнего расстояния. Чтобы не было шансов выжить и было быстро.

Однако не стоит забегать вперед. Святослав здесь, он жив, его пульс спокоен, и кровь, как всегда, холодна. Ведь нервничать в его работе — опасно для здоровья и психики.

Кто-то может подумать: «вот она, расплата за все смерти и мучения которые он приносил». Но это, наверное, слишком просто. Хотя смерть сама по себе — это уже непросто. И продолжения, или шанса что-то исправить, уже не будет.

Святослав проходит в темный зал, где стоит большой стол, за которым сидят трое. Очень влиятельные люди на уровне страны. Они без галстуков, в дорогих костюмах и рубашках.

Двое из них в очках.

На столе лежат зажигалки и сигареты. Курят и пьют кофе. Телефоны они обычно не носят — это делают их охранники. Один из них, увидев Святослава, говорит:

— *Садись вот тут, на стуле.*

Рядом со столом стоит стул — как бы приставкой к общему столу.

Наверное, неплохое начало, но это только начало.

После Святослава в комнату заходит губернатор — молодой, но очень крепкий парень, которого быстро назначили на эту должность благодаря высоким связям отца и его окружения. Он богат и влиятелен.

— Присаживайтесь, господин губернатор, — говорит тот, кто по центру. — Спасибо, что уделили время своим избирателям, — говоря это, он улыбается.

— Спасибо за приглашение, — говорит губернатор. — Но меня назначают, а не избирают, — отрезает он, показывая, из какого он теста.

— Грубо, грубо, товарищ губернатор, — нахмурившись, говорит главный.

— Мы тут со всеми почестями, а он — «меня никто не выбирал», — говорит тот, кто до этого момента молчал.

— У нас есть к тебе ряд вопросов, — говорит старший.

— Вы мне не тыкайте, хорошо? — обрывает он их.

От этих слов Святослав поднимает взгляд и смотрит на губернатора. В голове — только одна мысль: его убьют прямо сейчас или выстрелят на улице?

— Я вижу, урод, ты не понял, кто мы и зачем ты тут?

— Видимо, не понял, так объясните, — говоря это, губернатор ослабляет галстук, достает сигареты из внутреннего кармана и закуривает, забросив ногу на ногу.

— Такого клоуна надо еще поискать, героя решил тут из себя строить, Уильяма Уоллеса, б...дь, — говорит второй, обращаясь к главному.

— Если вы меня позвали сюда, чтобы оскорблять, я пожалуй пойду, — губернатор встает и пытается застегнуть пиджак на среднюю пуговицу.

— Сел на место, б...дь, — говорит главный.

— Совсем о...ел, — вторит ему второй.

Охранник, стоящий возле двери, достает пистолет и приставляет к голове губернатора, говоря: «Делайте, что вам говорят».

Губернатор садится, улыбаясь.

— Товарищи, вы, наверное, забыли, кто мой папа и мои партнеры? Может, мне стоит им позвонить и вас приструнить?

— Валик, выстрели ему в ногу, — просит старший охранника, и губернатор в течении 5 секунд получает пулю в ногу из пистолета с глушителем.

— За...ал этот пи...ун, — говорит старший. — Извините господа, за мой язык.

— Слушай сюда, — говорит второй.

В комнате стоит легкий стон губернатора, который пытается рукой остановить кровь. Он пытается позвать своего охранника, который расположился по другую сторону двери. Но тот ему не может ничем помочь, ведь его уже пяти минут как положили лицом в пол. И держат на прицеле.

— Вы беспредельщики, — говорит сквозь боль губернатор. — Смертники. Я выйду отсюда, и вам конец.

— Ты вначале выйди, урод, Рембо, — перебивает его главный.

— Так, короче, хватит этого цирка. Слушай сюда, сопляк, все твои инициативы мы замораживаем, и твой пи. . .еж о налоговом увеличении тоже. А тебя и твоего папика мы можем потерять раз и навсегда. Ты понял? Думаешь, он что-то решает? Ни х. . .а. Его завтра завалят и никто плакать не будет. А партнеры твои тебя слили. Понял? Поэтому сделай так, чтобы мы тебя искали, и долго не видели, включая телевизор, ясно? Вот с нами сидит этот красивый парень, — показывая на Святослава. — Слышал он нем?

— Да, ходят слухи о том, как он предприятия отбирает, и решает большие вопросы — маньяк аморальный, — говорит губернатор.

— Я бы на твоем месте такого не говорил — он сейчас тебя порежет, как красную рыбу, на тонкие куски.

Святослав внимательно смотрит на губернатора, взглядом сокола, который увидел зайца. Не моргая. У него напрягаются скулы на лице. У губернатора начинает дергаться правая рука. Ведь на него смотрит человек, который не имеет чувства жалости и страха. Он чувствует этот тяжелый взгляд на себе. Это очень неприятно.

— Так вот, дружище, Святослав будет работать с твоим отцом — он к нему завтра придет в гости, на зеленый чай. Объяснит, что к чему. Надеюсь, мы понимаем друг друга, и не будем совершать резких движений и хамить старшим? — говорит старший, и встает из-за стола.

— Встреча закончена, — говорит он. — Господа, спасибо, что пришли. Очень это ценю, — *во время этой речи по ноге губернатора сильно течет кровь, а сам он мужественно корчится от боли.*

Проходя мимо губернатора, старший наклоняется и говорит:

— Если ты сделаешь хоть что-то против нас, тот мальчик с каменным взглядом перережет всю твою семью, а ты будешь на это смотреть, я тебе обещаю. Завтра он придет к твоему папаше, ты ему позвони и скажи, чтобы все подписал, а то ведь он заложников не берет, — *прошептал старший, постучав по плечу губернатора.*

Все молча выходят из комнаты.

Святослав внимательно смотрит на губернатора и останавливается на мгновение, внимательно смотря на тело и рану.

— Хорошего вечера, Николай Иванович, — произносит он и выходит из комнаты.

После этого вбегает охранник:

— Вызовите скорую, скорее!

Тонкость в том, что я должен скармливать тебе кусочки, заставляя поверить, что ты сам их выиграл.
Потому что ты умнее, а я глупее.

Фильм «Револьвер»

Классификация политтехнологов (смешанная)

1. *Политтехнолог модный*. Их — всего 20 человек.

У таких товарищей обязательно есть иностранное образование, особенно ценится Лондон. Это просто модно и дорого. Точка. Они выступают на телерадиоэфирах, в Фейсбуке пишут о своих скромных победах, сильно критикуют коллег по цеху. И троллят политиков, которые им отказали.

У них зачастую — дорогой офис и машина. Правда, бывает простая двухкомнатная квартира. Они курят и пьют. Но не все.

Некоторые медитируют в позе заснеженной вишни на снегу (а раньше — пили и валялись под простой вишней и березой).

Они работают на президентских выборах, типа возглавляют штабы. Но обычно работают над конкретной областью и направлением. Под началом «старших товарищей» из Америки или Израиля. Не афишируя этого, чтобы не портить имидж.

И да, им нужно вести свой блог, это обязательно.

Разговор в редакции:

— Нужно, чтобы бы ты, вот тут, свой блог вел.

— Ну я тут в Лондоне учился (три недели).

— Обязательно, я сказал.

— Хорошо, Валерий Иванович.

У них обязательно должно быть экзотическое хобби — горы, Counter-Strike (компьютерная «стрелялка»), коньяк (напиток благородных технологов), горе от ума (у каждого свое, но экзотическое).

Еще, они обязательно, что-то комментируют за деньги, и иногда вступают в партии. Со словами: «я не хотел, но так просили, умоляли».

На политсовете:

— Я вот в Париже был на кампании. Наружкой занимался.
— Быстро, я сказал, написал заявление и вступил в партию.
— Да, Валерий Иванович.

2. *Политтехнологи средней категории.*
Парламентские выборы. Причем редко выигрывают.
Средняя машина, средние эфиры, средние гонорары — все среднее, кроме самомнения.

Хвалят себя больше, чем своих подопечных, иногда в процессе агитационных туров непонятно, кто — кандидат, а кто — технолог. Ибо технолог лучше одет и лучше говорит, чем его подопечный. Самое смешное, что подопечный думает, что так надо.

Любят говорить, что участвовали в выборах в Европарламент (это как «Лондон-лайт»).

Смешно. Потому что чаще всего не знают английский на достаточном для участия уровне.

Работают на местных выборах, любят мерзкие мэрские выборы.
Тоже пьют и курят. Но с налетом благородности.
Любят конспирологию. За ними вечно следят. Кто и зачем — непонятно.

3. *Политтехнологи начинающие.*
Стильно одетые молодые люди и девушки. Очень хотят произвести первое впечатление. Девушки всегда жмут руку.

Ведут здоровый образ жизни, выпендриваются, вставляя в речь иностранные слова (типа, блин, знаю это слово по-английски, а вот рідною мовою — нет).

Мечтают о Лондоне: ах, старшие товарищи там уже учились! А я тут университет Шевченко еле закончил.

Цитируют философов.
Ведут себя как 35 летние, хотя реально им — 22.
Смотрят Шустера в надежде попасть к нему на эфир.
Колхозно пиарят себя в Фейсбуке.
Пишут свое мнение о каждом политическом событии в поучительном тоне.

Любят канал 112, некоторые там побывали, после чего выложили свое видео везде. (Мне интересно, а дома с бабушкой сколько десятков раз пересматривали эфир?)

Амбициозны — аж страшно.

Им, бывает, везет, и они попадают в хороший штаб. А если кандидат выигрывает, — О! Они говорят: ну, ты знаешь, как мы работали на победу, реально сделали всю кампанию.

Любят слова «паспорт округа», «фокус-группы», «электорат», «позиционирование и стратегия избирательной кампании», «теневой штаб».

Приводят примеры иностранных избирательных компаний, демонстрируя свою начитанность.

Если их увольняют, говорят, что ушли сами, и кандидат бесперспективный. А в 70% он, коварный, выигрывает выборы без них:-).

Да, у них есть «маничка» с крутыми визитками и собственными институтами: что-то вроде того, что в свои 22 года он — руководитель Института развития демократии, политических аферистов и хитрожопых экспертов в восточной Европе. Полный аншлаг.

Ах да, и, конечно, гламурный сайт, как же без этого.

P. S. — не хотел никого обидеть.

Знакомство сконсультантом

Знакомство с консультантом — это целый ритуал. Кто-то посоветовал, либо видел его по телевизору, читал его блог, или просто где-то встретил на политической школе, которых сейчас несчетное множество. Правда качественных — всего пара.

Возникает вопрос, как выбрать консультанта и не ошибиться?

Речь будет идти не о построении штаба и работе агитаторов, речь будет идти о консультанте — некоем медиатренере. Это сейчас довольно модное слово в околополитических кругах. Речь идет о специалисте, который научит вас противостоять страхам и грамотно работать со стрессом, подтянет в ораторском искусстве и поможет красиво выглядеть на экране. Многие политики считают, что такие ребята им не нужны, мол я уже 100 лет в политике и могу кого угодно и чему угодно научить. Это — губительная ошибка. Напомню, что не испытывают стресс только трупы.

Еще раз повторюсь, что политика — это искусство убеждения. Деньгами можно убеждать, но по телевизору или на встрече с избирателями тяжело деньги раздавать. Хотя некоторым это прекрасно удается делать, только избиратель берет деньги, а голосует за другого. И избиратель верит обещаниям и лидеру. Есть множество примеров, когда неплохие спикеры легко побеждали состоятельных оппонентов. Работа со стрессом позволит улучшить собственное самочувствие и минимизировать попадание на больничную койку, где состоятельному пациенту, опираясь на правило, что нет здоровых, а есть не обследованные, доктора могут найти целый букет всяких болячек.

Обычно консультанты работают с кандидатом в течение всей избирательной кампании, это симбиоз спичрайтера, психолога и консультанта в одном флаконе. Часто о них никто не знает: ходит какой-то мальчик или девочка во время съемок на телевидении возле операторов. А кто это? Это мой секретарь:-).

А секретарь смотрит на картинку в мониторе и говорит оператору: крупных планов не брать, на руки на фокусироваться, потому что он ими не управляет, и мы ему забыли ногти постричь... Бывают и такие смешные истории (признайтесь, вы сейчас посмотрели на свои ногти).

При выборе такого консультанта очень тяжело использовать правило рекомендаций. Есть ребята, которые спокойно рассказывают, кого из политиков они консультировали, называя фамилии известных и не очень известных. Попытки проверить эту информацию обычно сталкиваются с нежеланием со стороны их бывших клиентов обсуждать этот вопрос.

Мне иногда кажется, что большие и успешные политики стесняются сказать, что полгода назад они боялись объектива смартфона, а теперь спокойно выступают в студии, где восемь камер и куча света, и аудитория из 100 человек, которая негативно настроена. И поверьте, есть и такие политики, которые до сих пор боятся выступать в больших аудиториях, занимая при этом должности уровня премьер-министра.

Внешний вид и поведение консультантов
Возникает вопрос, как узнать, говорит ли консультант правду?
Есть вторая группа специалистов, которые не открывают список своих учеников, ссылаясь на обязательства неразглашения. Некоторые клиенты могут сразу отказать такому «секретному» консультанту.

Ну а как вы хотели, чтобы консультант пришел и выложил видео «бекающих и мекающих» депутатов и министров? И на следующий день это видео попало случайно в Интернет? Ведь практически каждый урок снимают на видео, отрабатывая навыки поведения в прямом эфире, убирая слова-паразиты и выстраивая жесты. Обычно снимают на устройство клиента (телефон или камеру), и оно остается у него. Без этого сложно научить политика не бояться камеры и аудитории. Бывает, приходится приходить в студию и отрабатывать на месте, но это — большой риск. Ведь в студии есть операторы и помощники, которые могут заснять очередное смешное видео на свой мобильный.

Так как же все таки найти себе этого чертового чудо-консультанта?

Мой совет очень прост: пройти пару занятий с консультантом. Обычно изменения происходят после 6–8 встреч. Заметные изменения.

Кроме того, записи с выступлениями и речами можно показать людям со стороны (близким к политику). И спросить, есть ли заметные изменения? Стал ли я лучше говорить? Стал ли я лучше держаться в кадре? Изменилась ли моя речь?

И самое важное — это ощущение самого политика, уменьшились ли его страхи. Улучшилось ли его самочувствие.

> **Важно**. Иногда с политиками происходят позитивные изменение, а они не замечает этого и им кажется, что все по-старому. Я обычно показываю записи первой встречи и недавний эфир. Они улыбаются и говорят, что они — хорошие ученики. Очень редко они говорят о хорошем учителе…

Обидно, но есть такие политики, которые начинают тренироваться и готовиться к эфирам, уже победив на выборах своими силами. Понимая, что им нужно выступать перед аудиторией и на радио. А у них нет времени даже в туалет сходить. Ведь постоянно звонит чертов телефон, и надо решать вопросы, а тут этот тренер со своими скороговорками и упражнениями по мимике.

Мне часто звонят их помощники и спрашивают, можно ли без домашнего задания, и чтобы он мог на телефон отвечать, ведь он ах какой важный человек и вообще. Просят: вы его быстренько научите красиво говорить. За 5–6 встреч. Мы платим любые деньги. Вы же эксперт. Обычно разговор на этом заканчивается.

Зачастую грамотные консультанты отказываются от таких клиентов. Когда я рассказал подобную историю одному знакомому политику, он сказал классные слова: «Так а чего отказываться, бери деньги, результата там все равно не будет. Так хоть денег заработаешь». На что я возражаю: ведь есть же репутация, и подобные истории могут стоить гораздо дороже, чем гонорар от любителя быстрого обучения.

Я надеюсь, что, выбирая себе консультанта, вы сможете найти подходящего эксперта.

Старайтесь опираться на ваши ощущения, ведь медиатренер станет вашим доверенным лицом, и его работа должна помочь вам. Важным вопросом в выборе консультанта является знание им языка, на котором вы будете обращаться к избирателям. Может так случиться, что именитый консультант-иностранец попросту не сможет вам помочь: языковой барьер в общении с вами (переводчик не поможет) плюс интонационный барьер, станет ключевой проблемой. Поверьте, я часто пересекался с консультантами с Израиля и Америки, которые очень толковые ребята, но проблемы с языком мешали им показать весь свой уровень знаний, доходило до того, что они некоторые тексты писали на английском языке, расставляли там акценты и потом этот текст переводили. Мне это напоминало сцены из фильма «Трудности перевода», где главный герой приехал в Японию на съемки, и ему оператор на съемочной площадке через переводчика рассказывает, какой он образ должен играть, и какое лицо делать. Рекомендую посмотреть этот фильм.

Очень позитивно оцениваю работу российских консультантов, которые показывают высокий уровень, знают язык и менталитет людей.

Часто консультанты пользуются своим якобы иностранным образованием, и тем самым пытаются поднять себе цену. Когда я одному такому это сказал в лицо, он улыбнулся и сказал, что я прав, и что клиенты ведутся на всякие Американские политические школы, хотя по факту там была двухнедельная стажировка в Конгрессе — типа «принеси — подай».

Попробуйте сразу проверить консультанта, попросите, чтобы он рассказал о самом тяжелом случае в его работе. И внимательно наблюдайте за его реакцией. Затем спросите о самом легкой работе.

Обычно у консультанта есть пара приемов, довольно простых, рекомендации, которые сразу помогут вам что-то исправить. Попросите, чтобы он их продемонстрировал.

Жена кандидата — что сней делать

Жены политиков вызывают у меня разные чувства. Есть дамы, которые занимаются собой, не вылезая с курортов и СПА салонов. Они не разбираются в политических силах. А есть — гиперактивные, которые пытаются и возглавляют избирательные штабы своих любимых. Сказать что-то плохое о них, как о руководителях штабов, я не могу. Да, бывает, они сильно «мочат» и перегибают палку. Зачастую они заботятся о цвете галстука и костюма своего мужа-подопечного. Мужья таких жен частенько — подкаблучники.

А бывают и довольно грамотные дамы, которые становятся неким подобием мамы для своего супруга.

Суровый и брутальный на работе, дома этот супруг надевает халат и молча выполняют указания своей Муси, которая разбирает каждый шаг своего избранного с пристальной критикой.

Каждый — сам кузнец своего счастья и своей избирательной кампании.

Важно. В политике, как и спорте, победителя никто не судит. Хотя нет, и в политике, и в спорте есть примеры, когда судят и отбирают медали и мандаты.

Как работать с такими политическими парами?

Они встречаются сплошь и рядом. Работать с ними нужно очень просто. Во-первых, ничего не воспринимать на свой счет. Ну вот так. Боюсь, самолюбивому специалисту, который требует, чтобы за ним приезжал водитель заказчика, привозил и отвозил, будет тяжело.

Обычно политические пары довольно долго привыкают к новым членам команды. Но когда привыкнут, этот консультант может стать членом семьи. Только поначалу его будут назвать просто помощником.

Запомните: вы должны понравится жене. В хорошем понимании слова. А то у нас, как всегда, только крайности. Либо детский конфликт с супругой со словами «это не вы меня нанимали», либо легкий флирт, роман, чтобы заполучить долгожданного клиента.

Основная задача консультанта — помочь политику побороть свой страх и стресс. Хотя иногда этот страх формирует его собственная жена, которая его всю жизнь называет неудачником, пилит его. Иногда жена хочет присутствовать при работе с ее супругом. Мол, я хочу посмотреть, чему вы тут будете моего ненаглядного Павла Ивановича учить. А то, может, я тоже смогу такому его научить.

Часто мужчины-политики жалуются, что их не понимают и не ценят. Рассказывают о своем бедном детстве. Своем дворе. Школьных друзьях. Раскрывая очень тайные истории своей жизни. И всю эту личную информацию консультант хранит, как любимого мишку в шкафу.

Ни в коем случае не пытайтесь поссорить политика с его женой и встать между ними. Типа, вот она нам мешает работать, и вообще. Работа консультанта может закончиться через три месяца, а брак будет продолжаться. Хотя знаю примеры, когда после победы супруги разводились. И в мировой политике есть множество примеров, когда политики женились на своих пресс-секретарях.

А все почему? Потому что секретарь всегда рядом. И как никто другой понимает, что нужно ее патрону. Сколько сахара в кофе, какие духи любит, что дарить детям. Когда день рождения у его мамы. И все делает не ворча.

Кстати, о пресс-секретарях. Некоторые такие дамы считают своего патрона своей собственностью. И когда он сам нанимает консультанта, то они неимоверно ревнуют его. У меня бывали такие прецеденты. Пришлось просто отвести в сторону и сказать этой красивой и умной девочке: «я здесь временно, дай мне сделать свою работу. Я не претендую на твое место. И даже если мне его предложат (а тогда мне предложили) я откажусь. Даю тебе слово».

После такого разговора работать становится легче. С пресс-секретарем того политика общаюсь до сих пор, а ведь, как говорится, «все могло бы быть по-другому».

Странная ситуация. Фактически консультант должен прийти и выполнить свою работу. Помочь политику грамотно работать со стрессовыми ситуациями, либо найти причину и устранить ее. А тут — жены, секретари. И с ними надо считаться и играть в подковерные игры. Улыбаться. Хотя ты не сильно хочешь это делать. Но такова жизнь. И когда мне говорят, что политиком быть тяжело, я отвечаю: это вы еще консультантом у этих политиков не работали. А чем выше должность подопечного, тем больше проблем с его близким окружением.

Муж кандидата — что с ним делать

Женщины в политике — уже не редкость. Смелые, активные и очень пробивные. Как они сами говорят, у нас нет другого выхода, кроме того как идти и побеждать, ведь от вас, мужчин, толку мало. Не все конечно, есть просто красивые дамы, которые интимно-интриганским путем пытаются сесть в кресло.

Мне почему-то вспоминается одна дама, которая меня называла Владиславчик. И вела себя очень нагло со мной, и дико боялась большой аудитории. Хотя руководила большим предприятием, но, как она говорила, завод это — другое, а вот выйти к избирателям, или камера, которая хочет тебя просто задавить, — это страшно. На мой вопрос, как она выступает на собраниях своего многотысячного коллектива, она отвечала просто — никак, я просто их всех матом крою, а они меня боятся.

Мужья у таких дам обычно затюканные. Слишком активная жена, инстинкт добытчика атрофируется, и эти мужья становятся «женами». Ездят на белых машинах и с дорогими часами на руках, которые жена подарила на десять лет совместной жизни, иногда они просто не принимают участия в политической жизни своей супруги. У него есть своя компания, и он там директор. Компания обычно маленькая, и секретарь, скорее всего, — его любовница, только я вам об этом не говорил.

Как себя с ним вести? Никак. Вряд ли ему кто-то сможет понравится. Хотя он будет рад, если его супруга добьется поставленных целей. Один мне так и сказал: она со школы была такой активной. Помогите ей стать хорошим политиком. И добавил: обещала, когда выиграет выборы, купить мне красный кабриолет. Без комментариев. Но пока он без кабриолета.

В отличии от жен кандидатов, которые проявляют иногда нездоровую активность, мужья ведут себя более прилично и начальниками штабов становятся реже. Причину я вижу в одном: им просто лень. Им проще веселиться с молодыми дамами в фитнес-клубе. Хотя бывают исключения, но они крайне редки.

Обычно этих товарищей просят себя вести пристойно, ведь их могут «вести» репортеры, и потом фото их выходок сильно ударят по репутации «очень активной супруги».

Часто мужья, пытаясь казаться умными и сильными мужиками, не показывают реальной ситуации. Такова их судьба, часто они бывают младше своих жен.

Я всегда рекомендую найти с ними общий язык, ведь именно они смогут вас защитить в случае разногласий с дамой-политиком. Найдите общий язык: обычно у мужей есть хобби, машины, часы, рыбалка или охота. Сделайте акцент на этом вопросе, и его поддержка в спорах вам гарантирована.

Дети кандидата — что сними делать

Дети кандидата или уже действующего политика — это всегда стресс. Из-за постоянного отсутствия отца или матери, они растут, недополучая положенного внимания. Это довольно серьезно сказывается на их психике. И рано или поздно начинаются проделки, которые возвращаются бумерангом к родителям.

Обычно их выходки подсознательно или осознано направлены на привлечение внимания своих родителей. Вопрос детей довольно ярко показан в любимейшем сериале всех технологов «Карточный домик». Либо — политика, либо — дети, и без вариантов. Также вопрос ребенка раскрыт в сериале «Босс». Пересказывать сюжет не буду, но уверен, что подобные картины политики не смотрят. А надо бы, ведь это практически возможность посмотреть на себя со стороны. Некоторые просто боятся.

С точки зрения избирателей, кандидату нужны дети. Формируется позитивный образ родителя. Полноценная семья, и все дела. Заботливый отец или мать, или, наоборот, мать-одиночка, которая ребенка смогла вырастить самостоятельно, и теперь может страну повести за собой.

Не открою тайну, если скажу, что некоторые политические пары уже многие годы не живут вместе, но не могут развестись. Боятся огласки. Ну и политический имидж. Вспомните, много вы знаете премьер-министров или президентов, которые были холосты? Францию в счет не брать, там свои приколы касательно любви и всего остального. Как сказал мне один француз, если у тебя не было трех разводов, то ты не француз. В другом обществе такие нюансы могли бы погубить политическую карьеру.

Так вот, дети часто могут сильно подпортить репутацию своему родителю. Политика и крупный бизнес — часто одно и то же. Желая своему чаду добра, родители его помещают в престижную школу в Европе, при этом в декларации указано, что они сосут сухари и ходят пешком на работу. Часть избирателей это продолжает хавать. Плюс ключевое сообщение любого политика: блин ему можно, а мне что, нельзя? Показывая пальцем на другого. Мол, если президент или премьер отправляет свое чадо в Европу, то мне «не по понятиям» будет, не поймут, мол, меня коллеги.

Я встречал разных детей. Одни — целеустремленные, как их родители, по команде улыбаются на камеру и курят втихаря за домом, чтобы никто не видел. Другие — это золотая молодежь. Мажоры, полностью неуправляемые. Попытки с ними установить контакт равны нулю. Они сразу называют тебя на ты. Хотя ты можешь быть их в два раза старше. Девочки могут даже позаигрывать. И совсем малая часть простых деток, которые помнят коммунальные квартиры, в которых они жили, и откуда начинал карьеру их папа или мама.

Ключевой комплекс родителей очень прост: «я уделял мало внимания своему чаду, поэтому вот ему «Мерседес» и карточка, это моя компенсация». Типа «порешал вопрос». К сожалению, это не так. И иногда простой разговор и похвала со стороны родителей будет в 100 раз приятней нового «Мерседеса».

Некоторые политики просят консультантов пообщаться с их детьми и объяснить им, как нужно себя вести, ведь они их не слушаются.

Попытки объяснить, что твой отец баллотируется и от тебя требуется просто три месяца себя вести культурно, не пить до полусмерти и не выкладывать фото в социальные сети, иногда не доходят. Как вариант, деток на этот срок снимают с учебы и отправляют за границу, перед этим сделав 4–6 постановочных фотосессии в национальных костюмах, дома возле камина, на улице возле березы или под сосной. Предварительно проанализировав календарь и ближайшие праздники. А то картинка красивая нужна, а чадо — валяется пьяным под этой же сосной.

Уверен, что, читая эти строки, политики, которые сталкивались с приключениями своих деток, улыбаются. И думают: да, было дело.

Иногда я предлагаю устроить совместную встречу. Обычно — в неформальной обстановке. Ведь дети не всегда понимают, чем занимается их родитель. Хотя поначалу все стесняются. Но позже все воспринимают это нормально. Иногда бывает, когда отец берет с собой сына на занятия по ораторскому искусству или работе с аудиторией. Это их сближает. Нередко слышу после полуторачасового занятия, с которого они оба выходят уставшими, что сын не думал, что это так тяжело. Мол, я думал, что тут нет ничего сложного, просто смотришь в объектив камеры.

Попробуйте чаще брать своих детей с собой. Ведь им так не хватает вашего внимания.

Этим был славен один из президентов Украины, который своего младшего сына постоянно брал на всевозможные мероприятия. К моему сожалению, политикой сын так и не стал заниматься. Хотя, как человек, лично мне был симпатичен.

Отношения с помощниками и пресс-секретарями

Верные оруженосцы любого политика, его доверенные и близкие люди, знающие его самые сокровенные тайны, когда день рождения его любовницы или любовника. Какие цветы и духи любит жена, сколько ложек сахара в кофе нужно класть, какой цвет любит. Что делать, если патрону плохо. Они — хранители его мобильного телефона (обычно мобильных 2–4 штуки) и его «записная книжка». Обычно через этих людей добираются «к телу». Обычно они довольно скептически относятся к вопросу стресс-менеджмента, переживая, что консультант может занять их место. Ведь именно он начинает втираться в доверие и знает все болевые точки их патрона. Опасный человек. Часть из них от своего скепсиса не могут избавиться в процессе всех консультаций и хотят присутствовать на занятиях и тренировках.

Однако, многие помощники и пресс-секретари ведут себя логичнее, они понимают, что, если их патрон не выиграет выборы или опозорится на партийном съезде либо на встрече с избирателями, то они могут лишится своей работы. Ведь не народному депутату не сильно нужен такой штат. И сами меня приглашают, мол, я вижу, что мой руководитель не очень уверенно себя ведет на публике, либо я вижу, как он сильно волнуется и у него постоянный стресс, помогите ему, пожалуйста. Я не хочу терять работу.

И мы начинаем работать в одной команде, скажу даже больше, зачастую после выполнения своей работы я остаюсь в дружеских отношениях с секретарями и помощниками политиков.

Поэтому, читающие эту книгу вышеупомянутые поклонники своего любимого политика, знайте, что задача консультанта — помочь, а не устраиваться на работу. Не скрою, что иногда предлагают должность пресс-секретаря, мол, ты хорошо подходишь на эту позицию и, если что, будешь прикрывать мой зад, если я буду «лажать». Но обычно я отказывался, а после этой книги — сомневаюсь, что мне поступит такое предложение. У меня совсем другие задачи.

Помощники зачастую выполняют функцию опоры и верного близкого человека, задача любого консультанта — привести клиента к победе на выборах, либо к победе над собой. А многих зовут помогать победившему. Ведь ему не так легко, как он думал.

Сразу вспоминаю одного политика, которому я предложил бегать по утрам. Он очень скептически посмотрел на меня, и сказал: «Я побегу, если вы побежите со мной и Леночка будет с нами (Леночка — пресс-секретарь)». Пришлось утром заезжать за Леночкой и купить ей беговые кроссовки, чтобы мы побежали вместе. Кстати, теперь он бегает сам каждое утро.

Если мы говорим о пресс-секретарях министров или больших чиновников, они часто выполняют функцию фильтра. Фильтрацию людей, которых допускают к телу. Сразу вспоминаю встречу с одним министром, ожидание четыре часа в приемной и в итоге в 11 часов ночи сама встреча. Он пожал мне руку и предложил выпить коньяк. Я такого не ожидал, и отказался. Он говорит: тогда кофе. Пили все-таки коньяк с кофе. Он сразу позвал пресс-секретаря, даму, у которой на лице было написано, что она меня загрызет без зазрения совести. Выслушав мое предложение, министр сказал, что наши встречи будет курировать его пресс-секретарь. Я его больше не видел. Меня грамотно «отстранили от тела». Хотя должны были назначить советником и руководителем общественного совета при министерстве. Уверен, эту книгу будет читать пресс-секретарь уже бывшего министра. Передаю ей привет. Сочтемся в будущем.

Основной задачей работы всего окружения является успех самого политика. Молодые и начинающие политики почему-то свято верят в свою самостоятельную победу. Поверьте, это просто не возможно, выиграть может только команда и правильная грамотная работа, в том числе и над собой.

Консультант должен стать частью окружения политика, и я часто сталкивался с недоверием. Типа, ты сейчас узнаешь все мои секреты и недостатки, и сможешь их использовать против меня, если тебя позовет к себе мой конкурент, либо перекупит. По сути, опасения очень правильные, никто не застрахован он подобных ошибок. Длительное время работая в сфере консалтинга, я установил для себя простое правило: если я берусь консультировать предприятие или собственника, то в течение года в этой сфере в этом городе я никого больше не консультирую. Через год после окончания моих консультаций я могу консультировать кого угодно.

В моей жизни, да, впрочем, как и в жизни любого политического консультанта, бывали случаи, когда звали работать в лагерь оппонентов. Этот момент довольно круто описан в фильме «Мартовские иды», но в жизни все гораздо проще: тебе просто звонят и начинают угрожать или запугивать. Ведь у нас — американская демократия. Остается только один вопрос, как эти ребята догадались, что ты помогаешь тому или иному политику. Надеюсь, не с подачи помощников, которые продолжали бояться за свою должность. Обычно такие вопросы решаются легко и быстро. Нужно попросить о встрече с главным и озвучить ему свои правила. Никто убивать не будет, 90-е позади.

Необходимо помнить ключевое правило: для победы необходимо 100% — 100% времени, 100% усилий и 100% команды. Если хоть в одном пункте будет 99%, вы можете проиграть. Это «all in», говоря покерным языком, где нет времени на пересдачи или пас. Игра до последнего, где из-за стола встают, только когда закончатся деньги или кто-то выиграет все стеки. Не рискуйте своей победой. Поражение обходится гораздо дороже.

Сопровождение кандидата

Пикантный вопрос, особенно в контексте стресс-менеджмента. Ведь в процессе работы или избирательной кампании кандидат испытывает стрессы каждый день. Я обычно рекомендую завести дневник стресса (есть достаточно удобный на телефоне) и вечером писать, какие были стрессы, что вызывало стресс, и как вы пытались бороться с ним, либо как его победили. Потому что водить за руку политика не совсем правильно, и обычно только большие и важные встречи и эфиры могут требовать присутствия консультанта. Чаще встречи и отработка происходит в аудитории, где отшлифовываются навыки работы, проверяются домашние задания. Все, как в школе. Однако выезд на встречи с избирателями в начале компании просто необходим. Некоторые политики просят их сопровождать в поездках, утверждая, что им так легче бороться со стрессом, мол, вижу своего консультанта, и понимаю: если что, он сможет меня спасти. Но полного привыкания быть не должно, задача консультанта — научить и подготовить к борьбе со стрессом своего подопечного. Увеличить его сопротивляемость стрессовым ситуациям и научить, по возможности, расслабляться. Имеется в виду не то расслабление, которое вы себе представили, мол, консультант, наливай и пей, или — расслабился с девушками в бане, покруче любой медитации будет. Это — ошибочное мнение.

Поэтому все эти сопровождения не приносят впоследствии больших результатов, необходимо учить, учиться и контролировать себя.

У нас есть больной стереотип: дорогой иностранный консультант — это уже победа. Проведем параллель со спортом: некоторые люди — не спортсмены — думают, что они могут выпить одну запрещенную таблетку и сразу быстрее всех побежать и выиграть, не тренируясь. Люди, связанные со спортом, засмеются, читая это.

Никаких таблеток и консультантов, которые все будут делать за своего подопечного в аспекте борьбы со стрессом, нет и быть не может. Таблетки могут давать временный эффект.

Консультант по работе со стрессом должен быть незаметным, он — не публичен и находится часто рядом со своим клиентом, но клиент должен быть независим. Я часто это воспринимаю как воспитание ребенка, причем чужого ребенка. Тебе его дают на две недели, и ты должен ему помочь, научить чему-то новому. Сделать так, чтобы он стал меньше и реже испытывать стресс, стал лучше публично себя вести (не только выступать), стал грамотно выглядеть в кадре.

Многие политики воспринимают это как экспресс-обучение английскому языку, и сразу задают много вопросов. Что вполне естественно.

В начале сопровождения обычно все встречи и выступления снимаются на камеру, для анализа. Иногда анализ первичной ситуации может длиться до недели. Причем политик спрашивает, а почему вы не даете мне никаких советов. Ведь мы вас позвали помогать.

На что получает простой ответ: необходимо выявить, что именно мы будем исправлять, и потом это исправлять. При этом анализ должен быть максимально глубоким. Ведь довольно часто причина стресса находится не на поверхности. Иногда это может быть проблема, которая засела еще с детства, которая требует небольшого лечения и консультаций психолога. Я говорю вам вполне серьезно: боязнь публичных выступлений может быть по причине проблем с родителями, работа с избирателями на встречах может не получаться из-за конфликтов в детстве и неправильного воспитания. Причины бывают разные, но ключевая задача — выявить и решить эти проблемы, сделать из политика полноценного человека. Иногда на эту работу может уходить до 2–3 месяцев. Спокойствие, здоровье и успешное будущее стоит дороже.

Вопрос сопровождения кандидата важен на начальном этапе, когда формируется фундамент его защиты от стрессов. Затем достаточно беседы по телефону или по скайпу. Многие боятся, что их будут подслушивать, и используют Вайбер. Ну и пусть…

Важно не привыкать к тому, что кто-то может прийти и спасти. Перед камерой или на площади на сцене вы останетесь один. Все консультанты будут стоять за сценой и внимательно слушать. А говорить будете — вы. Поэтому учитесь быть самостоятельным. Но не стремитесь слишком быстро отшить консультанта, типа 5–6 встреч, и он мне не нужен. Консультант — это доктор, который должен вылечить больного, а также помочь ему с профилактикой.

Говорить об аферистах, которые сидят в штабе, играя на компьютере, утверждая, что вам достаточно одного часа в день, я не буду. Работа такого консультанта, как правило, оплачивается почасово, и ему нет смысла сидеть весь день штабе или у вас в офисе.

Тренироваться я бы рекомендовал утром, на свежую голову. Часто мне приходилось готовить к эфирам политиков после их рабочего дня. А в 18:00 человек после 60 звонков и 10 встреч уже «никакой». Ты приходишь, тебе улыбается секретарша, она думает, что ты — учитель английского языка. Ведь шеф не хочет показаться не бесстрашным. Ты заходишь в кабинет, а он говорит: я заплачу тебе за твой час, но сегодня мы тренироваться не будем, давай лучше посмотрим футбол или поиграем на приставке. Меня такие отговорки не удивляют.

Обычно я уговариваю хотя бы на 15–20 минут тренировки. Ведь время — это самое дорогое, и то, что мы не можем вернуть. А далее — игра на приставке. Поверьте мне, я бы так никогда не узнал, что многие политики играют в «танчики», причем очень азартно. Потом водитель может отвезти тебя домой, или ты едешь во второй машине сопровождения. Хотя ты и говоришь, что за рулем, но гостеприимство — превыше всего.

Важен результат работы любого консультанта, ведь в нашем мире рекомендации имеют ключевое значение. И чаще всего, когда клиент смог перебороть свои страхи и начал выглядеть и вести себя увереннее, ты вполне можешь перейти в ранг его товарища.

Важно. Если вы не можете сами себя заставить заниматься, позовите с собой товарища. Вместе — намного веселее, и иногда такая групповая работа подстегивает: мол, я — не хуже того второго.

В моей практике такое бывало, причем второй клиент обычно довольно скептически относился к подобной затее. Но когда он проигрывал в какой-либо игре, или у него заплетался язык, или не хватало дыхания для банального произношения, он менял свое отношение к такому подходу.

Попробуйте произнести на одном дыхании:

Вот два петуха,

Которые будят того пастуха,

Который бранится с коровницей строгою,

Которая доит корову безрогую,

Лягнувшую старого пса без хвоста,

Который за шиворот треплет кота,

Который пугает и ловит синицу,

Которая часто ворует пшеницу,
Которая в темном чулане хранится
В доме,
Который построил Джек.

Получилось? Не обманывайте. И попробуйте еще раз, только не тараторьте.

А когда у вашего коллеги получается, то и вам хочется быть первым.

Там еще много куплетов есть.

Раздел 6.
Юмор и стресс

Юмор и стресс

Анекдот, который я сейчас расскажу, является определением оптимизма. Семидесятилетний мужчина завел роман с молодой, энергичной и изворотливой двадцатилетней женщиной. Через некоторое время она обнаружила, что забеременела, и в бешенстве стала звонить своему любовнику: «Эй, ты, старый козел! Ты сделал мне ребенка!». На что мужчина ответил: «Простите, кто это?».

Юмор притягивает ваше внимание и позволяет получить больше знаний о стрессе, чем вы получили бы из обычной лекции. К тому же юмор — отличное средство борьбы со стрессом. Он помогает разрядить стрессовую ситуацию и/или негативные чувства. Многие исследователи пришли к этому заключению. Например, Мартин и Лефкур обнаружили, что юмор нивелирует негативное влияние стрессовых ситуаций на настроение. Изучив поведение 334 студентов, проходивших вводный курс психологии, Лаботт и Мартин пришли к выводу, что юмор играет роль буфера между стрессовыми событиями и нарушением настроения.

Философ Фридрих Ницше подтвердил важность юмора своим высказыванием о том, что только животное, которое страдает больше всех на земле, могло придумать смех. Даже комик Билл Косби, чей сын был убит, говорил, что тот, кто умеет смеяться, может перенести любое горе. Другие знаменитости также подчеркивают пользу смеха для здоровья. К ним относятся президент Авраам Линкольн, выживший в концентрационном лагере Виктор Франкл, великий комик Чарли Чаплин, а также автор и издатель журналов Норман Казинс. Хотя все мы знаем о целебных свойствах юмора, все же удивительно, что с возрастом мы смеемся все меньше. Четырнадцатилетние подростки смеются каждые четыре минуты, тогда как взрослые смеются лишь 15 минут в день. Таковы, к несчастью, факты, хотя все мы знаем, что юмор может помочь нам воспринимать стрессовую ситуацию менее остро.

Юмор бывает разный. Он может выражаться посредством удивления, преувеличения, абсурда, игры слов (каламбур, двойной, смысл) или быть черным юмором. Влияние юмора на здоровье изучалось много лет. Подводя итог этим исследованиям, Робинсон выдвигает следующее положение: «Было найдено много подтверждений тому, что юмор оказывает терапевтическое влияние на эмоциональное состояние, способствует адаптации и приспособлению, помогает разрядить напряжение и освободиться от него, служит хорошей защитой от депрессии, является свидетельством эмоциональной зрелости и способом выживания... В общем, очевидно, что юмор полезен».

Юмор отражается как на физиологическом, так и на психологическом состоянии. Смех усиливает мышечную и дыхательную активность, циркуляцию кислорода, сердцебиение, выработку катехол-аминов и эндорфинов. Потом наступает период расслабления, когда дыхание, сердцебиение, артериальное давление и мышечное напряжение нормализуются. С точки зрения психологии происходят следующие изменения: снимается тревога, уменьшается напряжение; уходят гнев и агрессия. Кроме того, юмор — это отличный способ пережить кризис, трагедию, а также уменьшить влияние хронических болезней. Но, с другой стороны, юмор может быть неуместным и стать причиной огорчений. Сэндз указывает: «Тот, кто видел на лице другого выражение боли и озадаченности в ответ на ироническое замечание или помнит, что значит быть объектом насмешек, знает, как может огорчать юмор». К несчастью, последствия юмора не всегда предсказуемы. Нужно быть осторожным с юмором при попытке помочь кому-либо справиться со стрессом, чтобы не усугубить ситуацию. Если же у нас есть возможность поддержать другого человека при помощи юмора, а негативный его аспект свести к минимуму, не стоит колебаться. Зная, что юмор может помочь и вам, смотрите на стрессовые ситуации и на причиняющих вам неприятности людей с юмором, и тогда вы легко справитесь со стрессом.

Юмор в политической жизни — очень тонкое оружие, ведь удачная шутка над своим оппонентом может его поставить в неудобное положение и даже вызывать у него стресс. Я настойчиво рекомендую использовать юмор, ведь это супер-метод манипуляции людьми. Когда оппонент высмеян — его перестают воспринимать серьезно и он вызывает только улыбку, а не желание голосовать за него.

Правда, с чувством юмора бывает проблема, и я знаю примеры, когда не совсем удачные шутки возвращались бумерангом к шутнику.

Подбодрить грамотной шуткой можно всегда. Вспоминаю случай, когда один кандидат, получив социологию по своему округу, улыбнулся и сказал, что за такие показатели обычно расстреливают, и попросил своего охранника освободить багажник джипа. А человеку, который ему дал отчет, сказал: да ты еще такой молодой, не пожил еще. Жаль. Я-то знал, что кандидат так шутит, он так и надо мной шутил не раз. А вот для парня это был весьма неприятный сюрприз.

Так что юмор может как помогать, так и стимулировать стресс. Особенно, если вы стали жертвой острой шутки.

Заключение

Любую печаль возможно вытерпеть, если превратить ее в историю.

Дорогие друзья, спасибо что вы прочитали эту книгу. Собирая материал, анализируя свой опыт, я пытался поделиться практическими советами по работе со стрессом в политике. Иногда мы живем и не замечаем, как нас что-то пожирает изнутри. Жизнь, которая еще вчера приносила радость, сегодня уже тяготит, работа и публичность не доставляют удовольствия. Причиной тому — стресс, с которым никто не борется. В надежде, что он сам пройдет, да и вообще настоящие политики должны быть суровыми и сделанными из метала людьми, не имеющими чувств. Как бы мне искренне хотелось в это верить, но, увы, все мы смертны. А жизнь наша полна стрессовых ситуаций, причем не всегда мы являемся инициаторами, зачастую — простыми участниками или жертвами.

Я представляю уровень стресса, который ежедневно переживают политики высокого ранга, скажу откровенно, некоторые из них уже начали активно бороться и управлять своими стрессами, повышать уровень стрессоустойчивости. Ведь они хотят увидеть, как их внуки идут в школу и впоследствии потанцевать на их свадьбе. Поэтому не отставайте от них, не только в уровне публичных выступлений но и в вопросе работы над собой.

Уверен, у вас остались вопросы. Я жду их на почту w. wawilow@gmail.com.

Телефон свой оставлять не буду, при желании вы сможете его легко и быстро найти.

И помните: стресса не нужно избегать. Наоборот, с ним нужно учиться справляться и использовать.

Никогда не поздно начать работать своим стрессом. Но лучше это сделать прямо сейчас. Признайтесь себе, ведь ваш «понедельник» уже наступил.

Успеха вам и нестрессового позитива!

Науково-популярне видання

Владислав ВАВІЛОВ

Політичний стрес-менеджмент

Дизайн обкладинки *Катерина Страчеус*
Літературний редактор *Андрій Баш*
Технічний редактор *Юлія Дворецька*
Верстка *Марія Степуріна*
Фото на обкладинку *Максим Зубцов*
Директор видавництва *Іван Степурін*

Окрема подяка Олені Афян

В подготовке книги были использованны следующие источники:
сайт — http://stress. by/
Книга — Джеррольд С. Гринберг «Управление стрессом» Информация из Интернета.

Підписано до друку 27 07 2015
Формат 60х90/16
Папір офсетний Друк офсетний
Ум друк арк 10,5 Наклад 300 прим

www.ingramcontent.com/pod-product-compliance
Lightning Source LLC
Chambersburg PA
CBHW061326040426
42444CB00011B/2792